El Genocidio Armenio

Una Guía Fascinante sobre la Masacre de los Armenios por los Turcos del Imperio Otomano

© Copyright 2020

Todos los Derechos Reservados. Está prohibida la reproducción total o parcial de este libro sin la autorización por escrito del autor. Los críticos pueden citar pasajes breves en sus revisiones.

Aviso Legal: Está prohibida la reproducción total o parcial de este libro en cualquier forma y cualquier medio, mecánico o electrónico, incluyendo fotocopiado o grabaciones, o mediante cualquier otro dispositivo de almacenamiento y recuperación de información, o por correo electrónico sin la autorización por escrito del editor.

Si bien se han realizado todos los intentos para verificar la información proporcionada en esta publicación, el autor y el editor se deslindan de toda responsabilidad por errores, omisiones o interpretaciones contrarias del tema.

Este libro es sólo para fines de entretenimiento. Las opiniones expresadas pertenecen al autor y no deben tomarse como instrucciones u órdenes de expertos. El lector es responsable de sus propias acciones.

El cumplimiento de todas las leyes y regulaciones aplicables, incluidas las leyes internacionales, federales, estatales y locales que rigen las licencias profesionales, las prácticas comerciales, la publicidad y todos los demás aspectos de hacer negocios en los Estados Unidos, Canadá, el Reino Unido o cualquier otra jurisdicción, es responsabilidad exclusiva del comprador o lector.

El autor y el editor se deslindan de toda responsabilidad u obligación alguna en nombre del comprador o lector de este material. Cualquier percepción individual u organización es puramente involuntaria.

Tabla de Contenido

INTRODUCCIÓN 1
CAPÍTULO 1 - EL PROBLEMA ARMENIO 3
CAPÍTULO 2 - EL IMPERIO OTOMANO 9
CAPÍTULO 3 - LAS PRIMERAS MASACRES 17
CAPÍTULO 4 - LA REVOLUCIÓN JOVEN TURCA..........................25
CAPÍTULO 5 - EL MUNDO ESTALLA EN GUERRA........................32
CAPÍTULO 6 - DOMINGO ROJO 39
CAPÍTULO 7 - LA MARCHA DE LA MUERTE.................................45
CAPÍTULO 8 - MIL HUÉRFANOS 52
CAPÍTULO 9 - EL MAR NEGRO SE TORNA ROJO 58
CAPÍTULO 10 - NIÑOS SECUESTRADOS 66
CAPÍTULO 11 - JUSTICIA..72
CAPÍTULO 12 - OPERACIÓN NÉMESIS 78
CAPÍTULO 13 - NEGACIÓN...86
CAPÍTULO 14 - LUCHANDO POR LA LIBERTAD 92
CONCLUSIÓN..100
FUENTES 102

Introducción

"¡Cómetelo! Piensa en los pobres niños hambrientos en Armenia".

Estas palabras, comúnmente pronunciadas en los hogares estadounidenses hace cien años, hoy parecen desconocidas. De hecho, muchos de nosotros quizás no sabemos dónde está Armenia. Pero durante los horrores de la Primera Guerra Mundial, posiblemente ninguna nación sufrió tan desesperadamente como Armenia.

La persecución de los judíos durante la Segunda Guerra Mundial, conocida mundialmente como el Holocausto, todavía está muy presente en la memoria global; un hecho tal vez en parte posible gracias al reconocimiento generalizado de que Alemania acepta sus errores pasados. Mientras políticos y civiles conmemoran por igual la muerte de aproximadamente seis millones de judíos de 1933 a 1945, el mundo ha comenzado a olvidar un genocidio que ocurrió veinte años antes de que comenzara la Segunda Guerra Mundial. Y parte de eso puede deberse a que la nación que lo perpetró— la actual Turquía— se niega a reconocer que el genocidio ocurrió en absoluto.

Entre 1915 y 1923, un millón y medio de armenios fueron deportados y asesinados de la manera más cruel. Fueron arrancados de sus hogares (en una tierra donde habían vivido por más tiempo de lo que la historia puede decir, una tierra tan antigua que muchos especulan que era el sitio del jardín bíblico del Edén) y enviados a marchas de la muerte a través del abrasador desierto sirio. Les dispararon en los umbrales de las casas donde criaban a sus hijos. Fueron masacrados con espadas de formas devastadoras para desanimar a los que quedaban vivos. Murieron de hambre en campos de concentración, fueron quemados, ahogados y golpeados hasta la muerte por miles, y posteriormente sus cuerpos fueron expuestos y se descompusieron al aire libre. Estaban sobre dosificados con morfina. Se les inyectó sangre infectada. Fueron arrojados por la borda al gélido mar Negro. Fueron gaseados. Fueron violados. Fueron secuestrados y vendidos como esclavos.

En resumen, el Imperio otomano bajo el mando de los Tres Pashas hizo todo lo posible por exterminar a la raza armenia con tal fervor que sus acciones inspirarían la creación de la misma palabra que ahora define el mayor crimen que puede perpetrarse contra una civilización: el genocidio. Sin embargo, actualmente, el Genocidio Armenio es un evento que se ha disuelto de la conciencia colectiva. Es un evento que tiene repercusiones que se extienden hasta la actualidad y es un evento que nunca debe ser olvidado.

¿Conoce a los armenios? ¿De verdad los conoce? Permita que este libro le muestre quiénes son, siguiendo los pasos del pueblo armenio que comenzó en la antigüedad cuando se convirtió en la primera nación oficialmente cristiana y comenzó un precedente de poseer una firme identidad nacional. Permita que le guíe por las vidas oprimidas de los armenios durante el Imperio otomano. Permita que lo coloque en su lugar cuando la primera ola de genocidio los atacó. Sea testigo de su terrible sufrimiento.

Y permita que le brinde esperanza. Porque los armenios murieron y sufrieron, y fueron maltratados de tal manera que difícilmente se puede comprender, pero lograron algo más que cualquier otra cosa.

Sobrevivieron.

Capítulo 1 – El Problema Armenio

Las antiguas escrituras cuentan la historia de Noé, un anciano que creía apasionadamente en un dios que había sido olvidado por el resto del mundo. Mientras el mundo se sumía en el pecado y la oscuridad, Noé y su familia solo siguieron la luz. Cuando le indicaron que el mundo sería purgado por medio de una gran inundación mortal, Noé sabía que solo él se salvaría, pero solo si construía un arca: un gigantesco barco de madera en el que él y su familia podrían refugiarse durante la llegada de la tormenta. Y así, ilustremente, Noé y su familia abordaron el arca junto a dos de cada tipo de animal, y luego comenzó a llover.

Cuando cesaron los cuarenta días y las cuarenta noches de lluvia, la tierra quedó cubierta de agua y el arca flotó imponente en un mundo inundado. Noé y su familia fueron a la deriva durante días hasta que, por fin, el arca encalló. Cuando el agua finalmente se aclaró, descubrieron que habían aterrizado en la cima de una gran montaña: el monte Ararat.

Actualmente, el Monte Ararat domina la extensa ciudad de Ereván, la capital de Armenia— una de las civilizaciones más antiguas del mundo. El genocidio que tendría lugar a la sombra de la venerada montaña es una terrible mancha de sangre en la portada de una larga e ilustre historia que se remonta a muchos miles de años.

* * * *

La Armenia actual es un país pequeño y sin litoral que limita con Turquía, Georgia, Azerbaiyán e Irán. Sus imponentes montañas y profundos valles, destacados del paisaje por ríos caudalosos, han sido escenario de milenios de historia humana.

La gente ha estado viviendo en Armenia durante tanto tiempo que algunas tradiciones lo han identificado como la ubicación del Jardín del Edén bíblico, y la ciencia ha descubierto evidencia de las civilizaciones humanas más antiguas dentro de sus fronteras. Los registros sumerios armenios que datan de más de cuatro mil años sugieren que Armenia pudo haber sido el primer hogar de la humanidad.

La antigua tierra de Armenia era mucho más extensa que su equivalente actual. Al abarcar gran parte de sus vecinos actuales, la antigua Armenia era un objetivo para los persas. Los armenios se mencionan por primera vez con esa denominación en los textos griegos del siglo VII a. C. Sus tribus dispersas fueron conquistadas por Alejandro Magno en 331. Saltó a la fama alrededor del siglo I a. C. cuando fue gobernado por su rey más importante, Tigranes II. Sin embargo, poco después de que el reinado de Tigranes terminara en el 55 a. C., fue conquistado nuevamente, esta vez por la potencia más importante del mundo antiguo: Roma.

Roma continuaría gobernando Armenia durante siglos, aunque tenía su propio rey y era relativamente independiente del antiguo y gran imperio, además de ser utilizado como campo de batalla en las continuas luchas de Roma con los partos, que provenían del Irán actual. De hecho, fue un rey parto quien derrocaría brevemente a los romanos en el año 53 d. C., lo que provocaría una lucha por el territorio armenio hasta que un emperador romano, Nerón, hiciera las paces al coronar al líder parto —Tiridates I— rey de Armenia, pero también sería un vasallo de Roma.

Fue Tiridates III, un descendiente de Tiridates I, quien cambiaría el curso de la historia armenia. Sus tribus se unirían bajo una sola fe, una nueva y desconocida fe que se extendía como la pólvora sobre los pies descalzos de sus discípulos por todo el mundo antiguo. Poco sabía sobre las repercusiones que tendría este simple acto en la historia de su pueblo en poco menos de dos mil años.

* * * *

Durante siglos, las tribus armenias habían practicado el politeísmo, como muchos de los otros pueblos antiguos que los rodeaban, incluidos los romanos— que habían sido el gobernante y el aliado más fuerte de Armenia durante cientos de años a fines del siglo III d. C. Sin embargo, desde que el antiguo apóstol Pablo había estado en Antioquía, los rumores de una nueva fe se habían extendido por toda la tierra. Esta fe era el cristianismo, que todavía estaba en su inicio, y, sin embargo, capturó los corazones de los armenios.

En este punto, Armenia estaba siendo gobernada por Tiridates III, pero solo con la ayuda de Diocleciano, el emperador romano. Los persas habían invadido e incautado Armenia, asesinando al padre de Tiridates en el proceso, y solo el ejército imperial había logrado expulsarlos y colocar a Tiridates III en su legítimo trono. Había formado una poderosa alianza con Diocleciano, y ambos se encontraban en buenos términos.

Sin embargo, no estaba en buenos términos con las familias nobles que habían estado involucradas en el asesinato de su padre. Estas familias enfrentaron el castigo por la conspiración, a excepción de un miembro joven: Grigor, conocido en la historia inglesa como Gregorio.

La historia de San Gregorio el Iluminador es tan antigua que es en parte historia y en parte tradición, pero la versión actual forma en gran parte una historia contemporánea de Agathangelos. La historia cuenta cómo su enfermera, una mujer cristiana, lo llevó a un lugar seguro como un simple bebé y lo crio como si fuera suyo. Cuando Tiridates III retomó el trono, Gregorio sentía culpa por lo que su padre había hecho. Fue impulsado por el deseo de expiar los pecados de su padre, y esperaba hacerlo llevando lo que percibió como el mayor regalo de todos al país que su padre había traicionado: la fe cristiana.

Al unirse a la corte de Tiridates, Gregorio descubrió que no sería tan fácil como esperaba. Como la mayoría del país, Tiridates era pagano, y esperaba que su corte adorara a los mismos dioses que él. Cuando Gregorio se negó a inclinarse ante los dioses de Tiridates, el rey se indignó de que un simple funcionario del palacio se atreviera a desafiar a su rey. Hizo torturar a Gregorio y posteriormente lo llevó a la oscura prisión de Khor Virap, que significa "pozo del olvido". Nadie regresó de ese pozo frío y húmedo, que se encontraba a la sombra del monte Ararat.

Enfurecido, Tiridates —junto con Diocleciano— comenzó una serie de persecuciones contra los cristianos en su reino. Sin embargo, pronto, tendría problemas más grandes y personales con los que lidiar. Poco después del encarcelamiento de Gregorio, Tiridates comenzó a experimentar una serie de síntomas extremadamente inusuales. Aunque a menudo estaba perfectamente lúcido, ocasionalmente tenía extraños ataques donde se comportaría, según la historia, como un jabalí. Se volvió terriblemente obvio para sus súbditos que el rey estaba perdiendo la cabeza. Durante doce largos años, Gregorio languideció en Khor Virap, y Tiridates continuó volviéndose cada vez más demente.

Fue la hermana de Tiridates, Khosrovidukht, quien resultó ser un salvavidas tanto para Tiridates como para su olvidado prisionero. Experimentó una visión de que solo Gregorio sería capaz de curar a su hermano y, desesperada, fue a Khor Virap a buscarlo. Sorprendida de descubrir que seguía vivo después de doce años, Khosrovidukht llevó a Gregorio al lado de la cama de Tiridates. Gregorio colocó sus manos sobre el enfermo rey y rezó para que se curara, y entonces el rey despertó de su locura, para que nunca más volviera.

Así continuó la tradición armenia de la razón por la cual Tiridates hizo lo que hizo después, pero la historia no muestra dudas de las acciones que siguieron. Después de convertirse al cristianismo,

Tiridates no solo dejó de perseguir a los cristianos en su dominio, sino que, en 301 EC, también convirtió al cristianismo en la religión oficial de Armenia. Por lo tanto, según los armenios, se convirtió en el primer país en adoptar oficialmente el cristianismo como su religión. Y durante los siguientes trece siglos, el pueblo armenio se apegaría a esta fe— aunque llegaría un momento en que les costaría más caro de lo que podrían haber esperado.

* * * *

A medida que pasaron los años, el pueblo armenio continuó demostrando que no eran diferentes de los demás, y que no tenían miedo de defender su individualismo del resto del mundo.

La dinastía sasánida del Imperio persa fue la siguiente en intentar oprimir a Armenia en 451 bajo el mando de Yazdegerd II. Los sasánidas siguieron la religión zoroástrica e intentaron imprudentemente convertir a los armenios a su religión. Los armenios se defendieron tan vigorosamente que incluso los poderosos sasánidas no lograron conquistarlos espiritualmente, a pesar de que tuvieron más éxito militar.

Durante los siguientes doscientos años, Armenia continuó preservando su religión obstinadamente independiente de los imperios invasores— los imperios persa y bizantino— que intentaban asimilarla. En 634, la invasión árabe resultó en décadas de guerra y posteriormente siglos de cautiverio por parte del califato árabe de la época. Fue solo a finales del siglo IX que Armenia recuperó su independencia y avanzó hacia la Edad Media con su propio reino, aún apegado al cristianismo como su religión. Por lo tanto, Armenia apoyó a las cruzadas europeas, demostrándose al jugar un papel clave en proporcionar un refugio seguro para los ejércitos cruzados en ruta a Tierra Santa.

Sin embargo, cuando Armenia misma fue atacada por los mamelucos egipcios en el siglo XIV, las potencias europeas que habían sido audaces en utilizar Armenia en sus cruzadas no se veían por ningún lado. De hecho, durante los próximos siglos, Armenia estaría bajo el ataque constante de una variedad de potencias musulmanas. Uno de ellos demostraría ser el mayor enemigo de Armenia, quien cometería la mayor atrocidad de todas contra el pueblo armenio: el Imperio otomano.

Capítulo 2 – El Imperio Otomano

Ilustración I: Una representación del siglo XIX de Mehmed el Conquistador entrando en Constantinopla

Pisoteando las cenizas del Imperio bizantino surgió una nueva superpotencia, una que demostraría prevalecer durante siglos y controlar gran parte de Europa y Asia: el Imperio otomano.

El imperio lleva el nombre de su fundador, Osmán I, un líder tribal turco que vivió a fines del siglo XIII. Osmán era ambicioso y estaba listo para obtener más poder que simplemente liderar algunas tribus en Anatolia, por lo que él y sus sucesores comenzaron a forjar un poderoso imperio islámico durante los próximos doscientos años.

Osmán y sus sucesores tuvieron pocas dificultades para encontrar apoyo para sus campañas militares. Desde su surgimiento alrededor del siglo VII d. C., el islam se había extendido como pólvora por todo el Medio Oriente, Europa, Asia y el norte de África, y para muchos musulmanes, eso significaba unirse a la yihad: una guerra santa contra quienes no eran musulmanes. La yihad no fue diferente a las cruzadas, que habían sido emprendidas por la Iglesia católica romana en la Edad Media. Sin embargo, a diferencia de las devastadoras cruzadas, la yihad sería duradera y militarmente exitosa, alimentada por la creencia en sus seguidores de que quienes no eran musulmanes tenían que ser conquistados.

Con miles de jóvenes colmados de un celo religioso por la guerra, los líderes militares— que tenían hambre no solo de la santidad percibida sino también de la tierra y el poder— lograron acumular enormes ejércitos para campañas en todo el mundo. A medida que el Imperio otomano llegó a someter Turquía y partes de Medio Oriente, su mayor rival resultó ser la reliquia oriental del antiguo Imperio romano: el Imperio bizantino. Después de haber sido fundada en la base de la Iglesia ortodoxa Oriental, el Imperio bizantino y el cristianismo estaban inextricablemente unidos. Eso lo convirtió en un objetivo para el Imperio otomano islámico— y también lo hicieron sus considerables tierras y riquezas, que tenían un gran atractivo para los gobernantes del Imperio otomano, quienes estaban decididos a expandir sus fronteras y acumular poder y riqueza para su dominio.

El Imperio bizantino, que existía desde 330 EC, estaba en declive en el siglo XV, pero aun así continuó siendo un poder importante de la Europa cristiana. Su capital, Constantinopla, había sido durante mucho tiempo una joya de Europa del Este como centro de poder, comercio, gobierno y cultura. Y era Constantinopla lo que los gobernantes otomanos—conocidos como sultanes— realmente buscaban. Derrocar a Constantinopla sería destruir el Imperio bizantino, y destruir el Imperio bizantino no solo traería extensas tierras y riquezas al Imperio otomano, sino que también derribaría la gran muralla que se interponía entre los otomanos y la exuberancia de Europa Occidental.

Tamerlán, el aterrador gobernante y fundador del Imperio Timúrido, fue el único líder que logró contener al Imperio otomano por mucho tiempo. Durante la breve y gloriosa existencia de su imperio, este conquistador asiático aplastó al Imperio otomano y evitó que atravesara su dominio para llegar al Imperio bizantino. Sin embargo, el imperio de Tamerlán no prevalecería demasiado. Después de su muerte en 1405, se derrumbó a la nada, y el camino estaba despejado para que el Imperio otomano avanzara y encontrara a su enemigo más grande.

Y su sultán, Mehmed II— conocido en la historia como Mehmed el Conquistador— era el hombre indicado.

* * * *

Mehmed tenía solo veinte años cuando dirigió a su ejército a los muros de Constantinopla, pero no obstante fue un general experto.

Mehmed solo había sido sultán durante dos años cuando comenzó el asedio que le otorgaría el título de "Mehmed el Conquistador", y había pasado gran parte de ese tiempo preparándose para asediar Constantinopla. Una vez que la ciudad más extensa de Europa del Este, el declive del Imperio bizantino le había robado a la ciudad la gloria que había poseído en su apogeo, no significó un desafío ante el joven sultán, quien estaba decidido a eliminar el cristianismo del Imperio bizantino— y, por supuesto, acumular esas tierras considerables para sí mismo. Sin embargo, todavía era evidente que Mehmed tenía una gran ventaja: números absolutos. Las tropas de Constantinopla, lideradas por el emperador Constantino XI, sumaban solo ocho mil. Los otomanos, por otro lado, llegaron en una gran ola de hombres más de diez veces ese número.

Como era común de los sultanes otomanos, Mehmed invirtió muchos recursos y se centró en la guerra, ningún asedio sería tan costoso como el de Constantinopla. Construyó fortalezas cerca de la ciudad específicamente para la batalla y ordenó la construcción de enormes cañones para derribar sus muros. Aunque los bizantinos los superaban en número, tenían la gran ventaja de las vastas defensas de la antigua ciudad. Los hombres en el interior eran pocos, pero su fortaleza seguía siendo una de las más defendibles en Europa.

Sin embargo, ningún número de muros o defensas iba a disuadir a Mehmed. Al cortar las rutas para que los refuerzos ingresaran a la ciudad por tierra o por mar, comenzó el asedio el 6 de abril de 1453.

Los días que siguieron, según la tradición histórica, fueron los últimos 53 días de la Edad Media. Eran largos y arduos, no solo para los asediados bizantinos sino también para los hombres de Mehmed. Al considerar a muchas de sus propias tropas como prescindibles, Mehmed los envió al frente para luchar hasta la muerte contra los muros acérrimos de Constantinopla. Si bien fue una elección despiadada, fue efectiva; los otomanos lograron derribar sistemáticamente más defensas de Constantinopla. Sin embargo, de alguna manera, la ciudad se aferró, con el emperador Constantino sabiendo que su ciudad era el último bastión entre los otomanos y el resto de la cristiandad. Durante casi dos meses, la ciudad se mantuvo firme contra el ataque.

En la víspera del 26 de mayo, Mehmed retiró sus tropas. Sin embargo, lo que los bizantinos esperaban que fuera un retiro era simplemente la calma antes de la tormenta. Mehmed no se daba por vencido—se estaba preparando para una última gran carga, una última apuesta para poner de rodillas a Constantinopla.

Abandonados por los reyes de Europa occidental, los únicos refuerzos del emperador Constantino provenían de un grupo de voluntarios que habían acudido a Constantinopla por su propia cuenta. Sus repetidas súplicas de ayuda de los reyes de los alrededores habían caído en oídos sordos. La contraparte occidental del Imperio bizantino, el Sacro Imperio romano, había declinado en el poder y estaba enfocado en la reforma y la lucha dentro de sus fronteras; Francia e Inglaterra fueron destruidas después de un siglo de guerra. Nadie acudía en ayuda de Constantino, y él ya había perdido a miles de sus soldados.

Con solo un grupo de hombres, Constantino esperó en la oscura ciudad mientras el enorme ejército de Mehmed, que sumaba más de 100,000 hombres, se levantaba en la noche como un gran oso que despierta de su breve hibernación. Mehmed y sus hombres habían pasado 36 horas descansando y orando, y ahora estaban listos para la conquista. Cuando se acercaba la medianoche del 28 de mayo, Mehmed envió un grupo de carne de cañón: sus reclutas cristianos y la infantería equipada de manera inadecuada. Cargaron contra los muros debilitados, su objetivo no era derrocar al enemigo, sino simplemente cansar a los bizantinos superados en número.

Esto funcionó. Para cuando los soldados más experimentados de Mehmed se unieron a la contienda, las defensas bizantinas se estaban agotando. Primero su general y luego su emperador intentaron reunir a los hombres, pero fueron abatidos; el pánico se extendió a través de las tropas, con algunos de ellos abandonando la batalla para precipitarse en la ciudad y proteger a sus familias, otros huyendo a sus barcos en un intento desesperado por escapar. Muchos, sabiendo lo que venía, y sabiendo que Mehmed no tomaría prisioneros, optaron por morir en sus propios términos. Escalaron los muros de Constantinopla, llegaron a las almenas y se lanzaron al aire para ser hechos pedazos en las rocas de abajo o ser tragados por el mar.

Los que permanecieron en la ciudad serían testigos de la devastación total. Mehmed había prometido otorgarles a sus soldados tres días libres para hacer lo necesario con la ciudad que tanto habían trabajado para asediar, y esos tres días de saqueo fueron casi más perturbadores que la matanza masiva del 29 de mayo. Las mujeres fueron violadas y esclavizadas, y los otomanos lucharon entre sí por el botín de la guerra. Cualquiera que se opuso a ellos fue masacrado sin piedad.

Constantinopla había caído, y el triunfante Mehmed había dado a conocer su nombre como un conquistador formidable. Sin embargo, no fue sin costo para los otomanos. El ejército bizantino había perdido a la mitad de sus hombres; se desconoce el número de bajas otomanas, pero según un testigo ocular, era tan vasto que las alcantarillas de la ciudad se tornaron rojas de sangre.

A pesar del costo, Mehmed había obtenido exactamente lo que quería. Mehmed convirtió a Constantinopla en la capital de su creciente imperio, y continúa siendo la capital de Turquía hasta nuestros días, oficialmente conocida como Estambul desde 1930. Con eso, el Imperio bizantino desapareció. Había llegado el momento de un nuevo y gran poder, el Imperio Otomano, que prevalecería cientos de años. Y la caída de Constantinopla, por devastadora que fuera, no sería el día más sangriento de su historia.

* * * *

Fue durante el siglo XV, al mismo tiempo que Mehmed y sus sucesores estaban conquistando el Imperio bizantino, que Armenia también caería ante el poder del Imperio otomano, al igual que muchos países vecinos.

La incorporación de Armenia al Imperio otomano no fue tan repentina y dramática como la caída del Imperio bizantino. En cambio, sucedió lenta y gradualmente a medida que los otomanos comenzaron a establecerse en Armenia. Cuando el Imperio otomano se enfrentó una y otra vez con Persia, Armenia se encontró una vez más como el campo de batalla de una guerra en la que no participó, y su gente fue expulsada de un gobierno a otro. Para el siglo XV, los armenios reales constituían solo una cuarta parte de la población de su país de origen; los persas se habían marchado, y el Imperio otomano controlaba toda Armenia.

El creciente Imperio otomano, aunque sus gobernantes eran devotos musulmanes, no era completamente islámico. A las minorías religiosas, como los judíos y varias sectas del cristianismo, se les permitió residir dentro de sus fronteras. Decididos a aferrarse a la fe que habían mantenido durante siglos, la mayoría de los armenios continuaban siendo cristianos, ya fueran católicos, ortodoxos o incluso protestantes, ya que la estela de la Reforma y el Renacimiento había traído cambios en todo el mundo. La mayoría de los armenios, sin embargo, se aferraron a la Iglesia ortodoxa, una antigua iglesia fundada por dos de los discípulos originales de Jesús. Por lo tanto, a pesar de que los armenios vivían junto a sus homólogos turcos, continuaban siendo un pueblo muy distinto. Adoraban de manera diferente. Hablaban un idioma diferente. Tenían ideales diferentes y una cultura completamente separada, y esto los hizo, a los ojos de los turcos, menos que humanos.

A fines del siglo XVIII, el Imperio otomano había comenzado a declinar. La brillantez que había alcanzado en el siglo XVI bajo el sabio gobierno de Solimán el Magnífico había comenzado a desaparecer, y la presión del resto de Europa aumentaba a medida que el poder cambiaba en todo el mundo. La Revolución francesa, las Guerras Napoleónicas y el fin del Sacro Imperio romano de Occidente habían hecho cambios significativos en el poder del mundo; el Medio Oriente se había librado de la sujeción otomana, y el otro poderoso imperio ahora luchaba por controlar lo que quedaba de sus tierras.

El declive del poder otomano fue una bendición para los armenios. Su pequeña población seguía resistiendo y logrando prosperar a pesar de la opresión de su gobierno turco. Todavía se les permitió practicar su fe, los armenios fueron sometidos a un trato duro por ser inferiores y de segunda clase, y los turcos los conocían como infieles. También fueron gravados más severamente que sus vecinos musulmanes. No obstante, el imperio en lucha se vio obligado a poner en marcha algunas reformas, y esto permitió a los armenios ocupar cargos importantes, incluso en el propio gobierno.

Nada de esto cambió el hecho de que los armenios aún conservaban su religión, su idioma y su cultura. Su firme identidad nacional nunca titubeó, a pesar de su integración en el Imperio otomano, y por un tiempo a mediados del siglo XVIII, parecía que se les permitiría florecer, aunque fueran diferentes.

Nada podría haber estado más lejos de la verdad.

Capítulo 3 – Las Primeras Masacres

El luchador Imperio otomano, que ya estaba sin fuerzas y limpiaba sus heridas después de perder muchas de sus tierras, enfrentaba una presión creciente del resto del mundo— y esta vez, las potencias europeas no buscaban apoderarse de las tierras otomanas. En cambio, habían tenido problemas con las filosofías sobre las cuales se fundó el gobierno otomano.

Desde la Reforma Protestante a principios del siglo XVI, Europa había estado luchando con la cuestión de la libertad religiosa. Las guerras estallaron en todo el continente cuando las potencias cristianas enfrentaron una gran grieta dentro de sus propios países, y tomó siglos avanzar hacia la tolerancia y la libertad religiosa. Pero para el siglo XVIII, la pregunta había comenzado a resolverse de alguna manera. La mayoría de los países al menos permitían a los protestantes practicar en paz, y la diversidad religiosa se estaba volviendo más común. Y pronto se puso en conocimiento de Europa que el Imperio otomano llegó tarde a la fiesta. Después de que el Congreso de Berlín concluyera en Julio de 1878, el tema del tratamiento de los armenios por parte del gobierno otomano se conoció como la "cuestión armenia". El resto de Europa ejercía una presión cada vez mayor sobre el Imperio otomano para reformar su tratamiento de los armenios y otras minorías religiosas y étnicas, y cuando las tensiones comenzaron a estallar en todo el continente, el Imperio otomano rechazó la presión.

La renuencia del gobierno otomano a tratar mejor a sus minorías no se basó únicamente en la religión. En cambio, Rusia—un enemigo del imperio desde hace mucho tiempo— fue uno de los mayores motivadores. Habiendo sido una nación cristiana durante siglos, Rusia no solo era una amenaza militar sino también religiosa. Se temía que los armenios se volverían más leales al gobierno cristiano de Rusia que el islámico del Imperio otomano, y considerando que había más de un millón de armenios en el imperio en ese momento, esto podría haber sido catastrófico.

Nadie temía a Rusia más que Abdul Hamid II. Y su miedo y avaricia resultarían ser una terrible maldición para los armenios porque él era su sultán.

* * * *

Abdul Hamid II nació en 1842 de sultán Abdulmejid, el último de una larga línea de sultanes que habían ejercido un poder absoluto sobre su imperio. Su padre disfrutaba de un poder sin igual, y aunque la madre de Abdul Hamid murió cuando él era un niño, su padre— que era polígamo, como muchos sultanes otomanos— aún podía proporcionarle un entorno familiar bastante estructurado. Fue adoptado por una de las otras esposas de su padre y pudo explorar sus intereses como adolescente y joven, especialmente la carpintería y la ópera. De hecho, Abdul Hamid sería uno de los primeros en traducir clásicos de la ópera al turco. En el verano de 1867, cuando Abdul Hamid era un joven de aproximadamente veinte años, su tío lo llevó a recorrer el resto del mundo. Esta era una actividad inusual para un joven príncipe del imperio, pero pudo acompañar a su tío a ciudades como Londres y París.

Después de la deposición del hermano mayor de Abdul Hamid, ascendió al trono en 1876, y muchos de sus súbditos pensaron que apoyaría el creciente movimiento liberal dentro del imperio. No solo el resto de Europa estaba clamando por la reforma otomana, sino que muchos de sus súbditos— tanto minorías como musulmanes— querían un cambio. Pero Abdul Hamid no haría tal cosa. Cuando heredó el imperio, ya estaba al borde del desastre. Rusia amenazaba la guerra, y Abdul Hamid solo había sido sultán durante un año cuando se declaró la guerra.

Duró solo un año. El Imperio otomano, una vez que el poder que había derrocado a Constantinopla, era una sombra de su antiguo yo; no tenía ninguna posibilidad contra el gigante enojado que era Rusia (que también se había aliado con Gran Bretaña). El Congreso de Berlín—que hizo popular el término "cuestión armenia" en los medios— negoció la paz en 1878 después de la derrota otomana.

En toda Europa, los problemas continuaron creciendo. Para Abdul Hamid se hizo evidente que tendría que encontrar un poderoso aliado para estar junto a él, y comenzó a tomar medidas para asegurar una amistad con Alemania. Las relaciones con Rusia todavía eran muy complicadas, especialmente teniendo en cuenta que existía tensión entre Gran Bretaña y Alemania, y esto solo empeoró cuando los armenios comenzaron a mirar a su vecino cristiano con anhelo. En el estado debilitado del Imperio otomano, no podía permitirse el lujo de lidiar con una rebelión armenia. Esto probablemente podría haberse evitado al proporcionar a los armenios un trato más justo, pero Abdul Hamid no estaba interesado en hacerlo. Se aferró a los caminos de sus antepasados incluso cuando el imperio que construyeron se derrumbaba a su alrededor.

Si bien el Congreso de Berlín había requerido que el Imperio otomano reformara sus políticas hacia los armenios, en última instancia, Abdul Hamid nunca cumplió. En cambio, comenzó a oprimir a los armenios incluso más que antes. En respuesta, se formaron dos partidos revolucionarios armenios. La mayoría de los armenios no apoyaban a estos partidos, a excepción de un grupo de rebeldes, pero causaron pánico generalizado en toda la administración de Abdul Hamid. Abdul Hamid los insultaría llamándolos cobardes y con una amenaza atemorizante. Incluso cuando las ruinas de su imperio comenzaron a caer a su alrededor, se negó a reconocer su propia culpa, en su lugar culpó a la Europa cristiana por sus problemas y consideró a los armenios como un grupo peligroso que podría "arrancarles los intestinos".

Cuando un periodista le preguntó sobre la cuestión armenia en 1890, las palabras de Abdul Hamid fueron oscuras y aterradoras. "Pronto voy a poner fin a esos armenios".

Y en 1894, intentó hacerlo. Un grupo de bandidos kurdos había estado causando caos en su imperio, y no hizo ningún intento por evitar que causaran estragos. En cambio, los armó y les asignó un objetivo: debían hacer que la vida armenia fuera lo más difícil posible, y cualquier cosa que hicieran, se consideraría legal. Estos hombres se hicieron conocidos como el Regimiento Hamidian, o *Hamidiye*, y se apresuraron a explotar las libertades que su sultán les había otorgado. Expulsando el ganado de los armenios rurales, saquearon sus hogares, violaron a sus mujeres y masacraron a quienes se atreverían a enfrentarse a ellos.

El número de muertos comenzó a aumentar, y las grandes potencias de Europa —Francia, Gran Bretaña y Rusia— decidieron que había que hacer algo al respecto. Claramente, el Congreso de Berlín no había hecho nada para frenar el duro trato de Abdul Hamid a los armenios, y los *Hamidiye* eran prueba de ello. Se le envió un paquete de reformas en 1895, exigiéndole que detuviera de inmediato el alboroto de sus soldados renegados y comenzara a implementar las reformas que había prometido en 1878. Abdul Hamid recibió el paquete con la terquedad típica. "Este asunto terminará en sangre", afirmó sombríamente.

Y así lo fue. Al enterarse del paquete de reformas, miles de armenios se reunieron en Constantinopla para mostrar su apoyo a las reformas y exigieron su implementación. Para algunos de ellos, el 1 de octubre de 1895 sería su último día. Cuando la manifestación comenzó a tornarse ruidosa y perturbadora y la gente solicitó una vida mejor, los policías turcos fueron enviados a dividirla. En lugar de brindar ayuda a los armenios, las reformas no habían traído más que violencia.

No fue nada comparado con las atrocidades que seguirían.

* * * *

Susan Wheeler había acudido al Imperio otomano para ministrar a un pueblo oprimido por el odio. No había esperado que tendría que huir por su vida.

La cuestión armenia era una preocupación europea, pero era un tema que se extendió como la pólvora por todo Estados Unidos. Se les indicaba a los niños que terminaran su cena ya no por los "niños hambrientos en África", sino por los "niños hambrientos en Armenia". Los armenios se convirtieron en la causa del día, y muchos estadounidenses adinerados donaron a la Cruz Roja y a otras organizaciones que intentaban ayudar a las personas allí. Sin embargo, para algunos estadounidenses, simplemente crear conciencia o aportar recursos simplemente no era suficiente. Algunos de ellos se sintieron declarados a ir a Armenia ellos mismos, y Susan y su esposo, el reverendo Crosby Howard Wheeler, se encontraban entre ellos.

En su libro "Un Ramo de Flores de Nuestro Jardín Misionero", Susan y Crosby cuentan la historia de cómo viajaron a Harput, Turquía, para apoyar a los cristianos armenios en su persecución, décadas antes de que comenzaran las masacres. Establecieron una estación de misión para proporcionar un lugar de culto, así como escuelas para niños cristianos, y cuando las noticias de las masacres en Constantinopla y otras áreas de Turquía comenzaron a llegar a ellos, sabían que se avecinaban problemas. Pero como muchos misioneros protestantes estadounidenses, los Wheelers se negaron a huir de regreso a un país de origen donde había paz y libertad. En cambio, se mantuvieron firmes y esperaron a que *Hamidiye* descendiera sobre Harput.

Los funcionarios de la ciudad habían prometido proteger a los armenios del *Hamidiye*, y cuando el primero de los kurdos comenzó a salir de las montañas—el regimiento descendió a la llanura como ríos de sangre— los cañones de Harput estaban listos para disparar.

Aterrorizados, los armenios llegaron a la estación de la misión, desesperados por refugio; ninguno fue rechazado, aunque Crosby, en este punto, estaba en silla de ruedas. Susan y sus ayudantes observaron y oraron mientras el *Hamidiye* se dirigía hacia la ciudad mientras se cargaban los cañones. La ciudad los protegería. La ciudad había confirmado que lo haría.

La ciudad había mentido. Cuando el gran estallido del cañón resonó en el aire y el olor a pólvora desató una batalla en los sentidos, la munición no se lanzó hacia el merodeador *Hamidiye*. En cambio, los cañones disparaban contra el barrio armenio de la ciudad. Las defensas de Harput no estarían defendiendo a los *Hamidiye*; en cambio— Susan tuvo que mirar, atemorizada, cuando la propia ciudad natal de los armenios se volvió contra ellos. La muerte llovió sobre sus hogares, y cuando el *Hamidiye* irrumpió en la ciudad, las cosas empeoraron. Estaban empeñados no solo en masacrar a las personas, sino también en destruir sus hogares.

Susan y sus compañeros huyeron de un edificio misionero al otro, haciendo una pausa para mirar por las ventanas mientras las llamas surgían por toda la ciudad en la oscuridad que caía. El humo se elevó sobre Harput, dejando intactas las casas de los turcos musulmanes; los armenios eran el objetivo, y no se les mostraría piedad. Temiendo por sus vidas, tanto los armenios como los misioneros se vieron obligados a huir de las escuelas e iglesias donde buscaban refugio, en dirección al nuevo edificio que los Wheelers habían trabajado incansablemente para edificar. Era la biblioteca, pero llegar allí no sería fácil. Susan estaba envejeciendo; Crosby tendría que ser llevado, y en el completo pandemónium, ella no tenía idea de cómo se podía lograrlo.

La salvación de Crosby vino de un barrio poco probable: un grupo de personas kurdas, al igual que *Hamidiye*. Pero mientras estos jóvenes compartían el mismo origen étnico con los asesinos que saqueaban la ciudad, habían sido estudiantes de Crosby, y se negaron a unirse al ataque de sus parientes. En cambio, llevaron a Crosby a una mecedora y lo llevaron a la biblioteca, con cientos de misioneros y armenios pisándole los talones.

Escondidos en la biblioteca, defendidos por unos valientes voluntarios en un camión de bomberos, Susan, Crosby y sus amigos observaron cómo la parte cristiana de la ciudad ardía a su alrededor. Hombres, mujeres y niños fueron masacrados por *Hamidiye* o sucumbieron al fuego.

Las bajas totales en Harput a lo largo de los asesinatos de 1894 a 1896 —una serie de violencia atroz que se conoció como las masacres de Hamidian— sumaron alrededor de 40,000. Y Harput no fue la única región del imperio que sufrió. En todo el Imperio otomano, los armenios fueron asesinados a sangre fría. Testigos presenciales describieron montículos de cadáveres, saqueados de sus ropas y cruelmente mutilados después de la muerte, asesinados sin tener en cuenta la edad o el género. Les dispararon, quemaron, ahogaron y arrojaron a fosas comunes. Las familias fueron despojadas de sus sustentos y murieron de hambre lentamente mientras sus vecinos caminaban en paz gracias a una diferencia de raza y religión. En una noche terrible, 3.000 armenios perecieron cuando la catedral en la que se escondían fue incendiada.

El grupo de revolucionarios armenios intentó defenderse, pero sus esfuerzos fueron en vano. De hecho, Abdul Hamid solo puso fin a la violencia cuando todos los revolucionarios fueron expulsados del imperio o asesinados. A pesar de las súplicas de ayuda internacional, ningún caballero blanco vendría en ayuda de los armenios. Incluso los misioneros, que vinieron de Gran Bretaña, Estados Unidos y otros países, no podían hacer otra cosa que ayudar a los sobrevivientes de la violencia, las personas que se habían quedado sin hogar, comida o familias. El asesinato solo se detuvo porque Abdul Hamid había decidido que la respuesta a la pregunta armenia se había escrito en las páginas de la historia con la sangre de la gente.

Las masacres de Hamidian terminaron en 1896, con un número de muertos estimado en 300,000 personas—más de una cuarta parte de la población armenia del Imperio Otomano en ese momento.

Cuando terminó la violencia, el pueblo armenio quedó destruido, no solo por los asesinatos sino también por el hecho de que *Hamidiye* había obligado a cientos de aldeas a convertirse al islam o morir. Y aunque muchos armenios se convirtieron ante la muerte, otros se negaron a retractarse de su fe. Incluso después de las masacres, la población armenia en general todavía se aferró obstinadamente a la religión cristiana que les había brindado su identidad cultural.

En 1905, casi diez años después del final de las masacres, los revolucionarios armenios se reagruparon e intentaron asesinar a Abdul Hamid, el hombre detrás de cientos de miles de muertes. Armaron un automóvil con explosivos y lo cronometraron para que explotara en el momento en que Abdul Hamid normalmente salía de su mezquita favorita después de las oraciones del viernes. Pero el intento fue infortunado. Por casualidad, Abdul Hamid se encontró con un amigo en la mezquita y pasó algún tiempo hablando con él, sin poder salir a la hora habitual. El auto explotó y se llevó la vida de 26 personas. Pero Abdul Hamid no fue una de esas personas.

Sin embargo, su gobierno no prevalecería más. Golpes militares y un gobierno inconstitucional acribillaron los últimos años de su reinado. El tiempo de los sultanes estaba llegando a su fin. Se avecinaba una revolución— esta vez, sin embargo, no de armenios resentidos, sino del propio pueblo turco.

Capítulo 4 – La Revolución Joven Turca

"Porque ustedes mismos saben perfectamente que el día del Señor viene como ladrón en la noche. Porque cuando digan: Paz y seguridad; entonces la destrucción repentina vendrá sobre ellos, como el trabajo de una mujer en labor de parto; y ellos no escaparán."

Así lo escribió el apóstol Pablo, casi 2.000 años antes de la Revolución Joven Turca, en una carta dirigida a la incipiente iglesia cristiana en una ciudad entonces conocida como Tesalónica. Luego, parte de Grecia, Tesalónica fue capturada por el Imperio Otomano en el siglo XV y desde entonces se la conoció como Salónica— y también como una de las ciudades más tolerantes y culturalmente diversas de Europa.

Era irónico que Salónica fuera parte del Imperio otomano, considerando que el imperio era uno de los peores lugares del mundo para ser una minoría religiosa o étnica. Sin embargo, era un inusual oasis de libertad y tolerancia en el gran desierto de odio en el que el imperio se había convertido bajo el reinado de Abdul Hamid. En sus calles, judíos y turcos, musulmanes y albaneses, armenios y árabes pudieron encontrarse sin temor a la persecución como sufrían sus compañeros en el resto del imperio. Y fue en Salónica donde nacería una revolución— una que comenzó con ideales puros y justos, pero terminó en genocidio.

* * * *

La Revolución Joven Turca ocurrió en 1908 en el Imperio otomano, pero sus raíces se remontan a París, 1799. La Revolución francesa fue una de las mayores influencias sobre la revolución que los Jóvenes Turcos estaban planeando, y muchos de los mismos líderes revolucionarios planearon sus movimientos mientras estaban en el exilio en París y otras ciudades de Europa occidental.

Desde 1878, Abdul Hamid había gobernado sobre el Imperio otomano sin una constitución, habiendo suspendido el Parlamento. Sus razones para suspender la constitución turca eran exageradas; afirmó que la democracia no iba a funcionar hasta que las masas hubieran sido educadas, y la constitución sería restablecida una vez que la mayoría de la población otomana fuera más educada. Por supuesto, Abdul Hamid no hizo ningún intento de continuar la educación en su imperio, y durante treinta años, simplemente hizo lo que quiso, sin restricciones de ninguna ley constitucional. Era, por definición, un tirano autocrático, y la masacre de los armenios lo había hecho aún menos popular entre muchos de sus ciudadanos, así como con el resto de Europa, que lo llamaron "el Sultán Rojo" por sus sangrientas acciones.

Su gobierno inconstitucional había estado irritando a sus súbditos durante mucho tiempo, y no solo con los armenios. Los poderosos turcos dentro de su administración también buscaban algo diferente, y entre ellos destacaban los Jóvenes Turcos, un grupo de oficiales militares con visión de futuro. Junto con varios otros grupos que deseaban promover el progreso en el imperio, los Jóvenes Turcos formaron la Comunidad de Unión y Progreso (CUP), un partido político enfocado en la revolución para derrocar a la monarquía absoluta de una vez por todas.

Diversos partidos menores se habían unido para formar la CUP, y uno de ellos era la Federación Revolucionaria Armenia (ARF), dirigida por Khachatur Maloumian. La ARF había sido responsable de muchas de las actividades rebeldes al mismo tiempo que las masacres de Hamidian, y habría sido comprensible si Maloumian hubiera considerado a los Jóvenes Turcos con sospecha. Pero en el Segundo Congreso de la Oposición Otomana, que se celebró en 1907 en París, los Jóvenes Turcos hablaron de algo intoxicante y glorioso, algo que todos los armenios necesitaban desesperadamente: justicia. La visión de los Jóvenes Turcos era de libertad, igualdad, justicia y libertad, una en la que a todos los ciudadanos del imperio— independientemente de su raza o religión— se les permitiera estar en pie de igualdad con sus pares. Si los Jóvenes Turcos tenían éxito, no habría más impuestos excesivos para grupos cristianos como los armenios. No habría más discriminación, opresión o masacres. Respaldado por partidarios armenios, Maloumian alió su partido con la CUP y, junto con los Jóvenes Turcos, comenzaron a planear una revolución.

Basando la mayoría de sus operaciones en Salónica, los Jóvenes Turcos comenzaron a planear una forma de recuperar la constitución y hacer que el Parlamento volviera a la sesión. El ejército sería crucial para sus planes. Paranoico como era, Abdul Hamid había sabido durante años que algunos de sus oficiales militares estaban descontentos con él, por lo que respondió recortando significativamente los fondos del ejército, dejando al imperio indefenso ya que otros países europeos hambrientos de poder comenzaron a cazar en sus fronteras, incluyendo Francia, Rusia, Gran Bretaña y Austria-Hungría. Esto alimentó aún más el descontento entre los oficiales militares para quienes la defensa del imperio era una cuestión de orgullo profesional. Una vez que el mejor ejército de Europa, el ejército del Imperio otomano se había convertido en una broma, sus oficiales no se divirtieron.

Fueron dos de sus principales ayudantes, Ismail Enver Pasha y Ahmed Niyazi —Enver Pasha era turco, Niyazi era albanés— quienes provocaron la revuelta. Niyazi fue el primero en actuar el 3 de Julio de 1908. Abdul Hamid sospechó que sus lealtades no mentían con el sultán y lo hizo investigar, Niyazi respondió atacando la base militar que ordenó y posteriormente huyó a las montañas con 200 de sus seguidores. Enver Pasha fue veloz en seguirlo, al igual que muchos otros oficiales militares. Se reagruparon y comenzaron a moverse en Constantinopla. Cuando Abdul Hamid intentó que el resto de su ejército saliera y luchara contra ellos, se negaron. El sultán se percató, repentina y terriblemente, de lo indefenso que se encontraba si su propio ejército no luchara por él.

Tres días después de la incursión de Niyazi, la CUP emitió una proclamación revolucionaria. Querían recuperar la constitución y el Parlamento, y si Abdul Hamid no cumplía, habría guerra. Atacado, el sultán no tenía elección. El 24 de julio, trajo de vuelta el Parlamento, y la monarquía absoluta del Imperio otomano había llegado a su fin.

Fue un día de regocijo absoluto para las minorías del Imperio otomano. Las celebraciones se convirtieron en una fiesta ruidosa y colorida en las calles de Constantinopla como ciudadanos del imperio celebrados vistiendo de rojo y blanco, los colores de la bandera del imperio. Albanés y armenio, judío y griego, turco y árabe— todos salieron a las calles como iguales, y por un glorioso día, se unieron bajo el título común de ser humanos.

Si hubieran sabido lo que se avecinaba, no habrían bailado. Se habrían escondido.

* * * *

Adana ardió y no solo con fuego.

El humo se alzaba sobre la ciudad, negro, espeso y asfixiante, mientras las llamas escarlatas inundaban las casas de familias inocentes y las reducían a cenizas. Las calles estaban repletas de gritos, y hacían eco de la aparición del fuego, mientras el odio ardiente y el terror ahogado rugían de una población a la otra. Gritos de ira, gritos de dolor, personas corriendo, anarquía total— la ciudad, una vez próspera, se redujo a un campo de batalla, y la lucha fue cruelmente desequilibrada.

Elizabeth S. Webb estaba en los mismos zapatos en los que Susan Wheeler había recorrido un camino de terror y sangre catorce años antes. Al igual que Susan, ella era una misionera protestante estadounidense que había acudido a Adana para ayudar a los cristianos, aunque su situación hasta hace unos meses no había sido tan desesperada como la situación de los armenios en Harput en la época de Susan. Elizabeth pensó que había acudido a ayudar a los armenios a construir mejores vidas en un mejor momento. Ahora, con horror, se vio obligada a presenciar la misma violencia que Susan había sufrido en Harput.

Elizabeth fue una de las testigos extranjeras que escribió testimonios vívidos sobre la terrible violencia que ocurrió en Adana en abril de 1909. Si bien los armenios sufrieron mucho más que los misioneros estadounidenses, no fueron libres de regresar a su país de origen para escucharlos y publicar relatos detallados de lo que realmente sucedió. Y así, recurrimos a las palabras de estos misioneros para pintar una imagen de la devastación que tuvo lugar en Adana.

Todo había comenzado con un contragolpe. Después de que los Jóvenes Turcos lograron restablecer el Parlamento (la CUP incluso logró obtener algunos escaños), las minorías religiosas en el país se alegraron al escuchar que planeaban abandonar las políticas de gobierno de Abdul Hamid estrictamente en línea con el islam. De hecho, la CUP se mantendría fuera de la religión por completo; deseaba construir un gobierno secular y permitir a sus súbditos adorar de manera libre. Esto causó una protesta pública masiva, especialmente de la comunidad musulmana. Cuando los cristianos fueron autorizados a portar armas por primera vez en siglos, el pánico comenzó a extenderse. Fue menos de veinte años después de las masacres de Hamidian, después de todo. ¿Se vengarían los armenios? Molestos y resentidos, muchos predicadores armenios y otros cristianos empeoraron las cosas, vertiendo combustible sobre el fuego al alentar a sus miembros a armarse. Un grupo reducido y furioso incluso abandonó la doctrina de sus propias iglesias y comenzó a alentar a los armenios a vengarse.

Petrificados, los leales a Abdul Hamid obtuvieron el apoyo de musulmanes atemorizados y lanzaron un contragolpe el 13 de abril de

1909. El ataque fue exitoso; los Jóvenes Turcos fueron expulsados, y durante diez días de terror, Abdul Hamid reinó una vez más con poder absoluto. Su mensaje fue claro. Los cristianos eran una amenaza, y los armenios necesitaban ser exterminados.

Empoderados por su gusto por la libertad, los armenios se negaron a tomarlo con los brazos cruzados. Cuando las noticias del ataque llegaron a la ciudad de Adana el 14 de abril, comenzaron una rebelión violenta y furiosa. La población musulmana estaba atemorizada, creyendo que los armenios finalmente tomarían venganza. Pero los disturbios no fueron más que una expresión desorganizada y enfadada del miedo y la frustración de una nación. No hubo un líder en los disturbios, ni un comandante armenio unificador que pudiera agrupar a su pueblo en una amenaza real para los musulmanes. El miedo y el odio, sin embargo, no conocen razón. La población musulmana se levantó, formó una muchedumbre furiosa y atacó a los armenios sin piedad.

La violencia que emergió a través de Adana y sus alrededores cobró casi 2.000 vidas turcas, según las cifras oficiales otomanas. Esas mismas cifras afirman que aproximadamente 5.000 armenios fueron asesinados y que no hubo ninguna masacre, simplemente una batalla cuando los turcos intentaron defenderse de los armenios merodeadores. Sin embargo, los testigos extranjeros cuentan una historia muy diferente. Los armenios comenzaron a huir a las embajadas británicas y francesas mientras las masacres continuaban, desesperados por ayuda, y esta vez, Europa no se quedaría de brazos cruzados observando la matanza. Se enviaron buques de guerra para calmar la situación, y valientes consulados salieron a las calles en un intento por evitar que las masacres de Hamidian ocurrieran nuevamente.

Solo tuvieron un éxito parcial. A finales de abril, los Jóvenes Turcos habían logrado arrebatar al gobierno y depusieron formalmente a Abdul Hamid. Pero el canto del cisne del sultán rojo les había costado la vida a aproximadamente 20.000 y 30.000 armenios.

La historia de Elizabeth S. Webb sigue siendo una de las más aterradoras y vívidas. Ella cuenta cómo uno de sus compañeros estadounidenses, sosteniendo la mano de un predicador armenio, intentó huir a través de una calle vacía hacia la seguridad de un edificio misionero. Los dos hombres estaban en el medio de la calle cuando una multitud furiosa vino hacia ellos armados con cuchillos y pistolas. Sabiendo lo que venía, el estadounidense sostuvo a su amigo armenio y lo tomó en sus brazos, tratando de protegerlo con su cuerpo. Gritó ante la injusticia, gritó que el armenio estaba desarmado e inofensivo. No había forma de que pudiera haberles lastimado, incluso si quisiera. Pero a pesar de los mejores esfuerzos del estadounidense, a la muchedumbre no le importaría nada de eso. Lo mataron donde estaba parado y continuaron con su revuelta cuando el desconsolado estadounidense arrastró el cadáver de su amigo a un lugar seguro.

Hasta el día de hoy, el gobierno de Turquía niega que haya ocurrido la masacre de Adana, a pesar del hecho de que debido a las numerosas bajas que tuvieron que construirse tres orfanatos en Adana y sus alrededores solo para acoger a los niños que habían perdido a sus padres en la violencia. El Gran Visir, Hüseyin Hilmi Pasha, fue tan lejos como para decir con absoluta confianza que "nunca habría otra masacre".

No podría haber estado más equivocado. Las masacres de Hamidian y Adana fueron solo una muestra de los terribles eventos que estaban por venir.

Capítulo 5 – El Mundo Estalla en Guerra

Los Jóvenes Turcos habían logrado recuperar el poder que habían perdido brevemente durante el contragolpe de 1909, lo que llevó a muchos armenios y otras minorías religiosas a tener un suspiro de alivio. Quizás el breve y terrible regreso al poder de Abdul Hamid no había sido más que la agonía de los viejos tiempos. Después de todo, los Jóvenes Turcos habían confirmado que mejorarían las cosas.

Los Jóvenes Turcos no mejoraron las cosas. De hecho, lo empeoraron. La CUP depuso a Abdul Hamid y colocó a su hermano, el sultán Mehmed V, en el trono; sin embargo, era obvio que Mehmed era poco más que un mascarón de proa. El poder real estaba en manos de la CUP, e inmediatamente se enfrentó a una nueva y compleja pregunta: si era más importante lograr su visión de un estado multinacional étnicamente diverso o evitar que las fronteras del Imperio otomano fueran más allá desintegrando. Cada potencia prominente en Europa buscaba una parte del imperio, y sus líderes se sentían asediados por todas partes.

Ante la amenaza de invasión y de perder lo que quedaba del Imperio otomano, el nuevo gobierno comenzó a caer en la corrupción. La CUP resultó no ser el salvador que buscaba el pueblo de Turquía, y las cosas llegaron a un punto crítico cuando el nuevo gobierno se vio obligado a decidir cuál sería su mayor prioridad: promover la coexistencia pacífica de personas diversas y variadas dentro del imperio o evitar la pérdida de tierras imperiales para el resto del mundo. La historia podría haber resultado muy diferente si la CUP hubiera elegido enfatizar la primera opción, a costa de perder algunas de sus tierras y poder. En cambio, se decidió que sería más importante presentar un frente unido y evitar la mayor pérdida de tierras a los poderes invasivos del resto de Europa, por lo que la CUP intentó unir al Imperio otomano bajo una identidad singular: ser turco.

Podría haber funcionado si todos en el Imperio otomano fueran realmente turcos. Pero no lo fueron; mientras que los turcos constituían la mayoría de la población, también había armenios, árabes, albaneses, judíos, griegos y otras minorías que no se identificaban como turcos. Hablaban un idioma diferente, adoraban a un dios diferente y tenían una cultura e identidad completamente separadas. Para los armenios, que se habían aferrado tan tercamente a sus creencias, incluso frente a las masacres y que esperaban desesperadamente un cambio bajo el régimen del Joven Turco, fue un golpe duro considerar que ahora tenían que ser turcos.

La turquificación, como se conoció la nueva política de la CUP, era una idea antigua, que se remonta a finales del siglo XIX como parte de la apuesta del imperio otomano por la unificación. Fueron los Jóvenes Turcos, sin embargo, quienes realmente llevaron la turquificación a toda su fuerza en la década de 1910. La turquificación fue un intento de asimilar por completo a las minorías dentro del imperio, transformando a todos los pueblos en turcos.

Los líderes de la CUP en ese momento, que eran los verdaderos gobernantes del Imperio Otomano ya que los sultanes habían sido reducidos a poco más que figuras decorativas, eran un triunvirato de funcionarios poderosos en el gobierno. Mehmed Talaat Pasha fue el Gran Visir; Ismail Enver Pasha, quien había sido uno de los primeros comandantes militares involucrados en la Revolución Joven Turca, fue el Ministro de Guerra; y Ahmed Djemal Pasha era el Ministro de la Marina. Pasarían a la historia como los "Tres Pashas", y los tres creían firmemente que la turquificación conduciría al poder y la unidad para el Imperio otomano y, por lo tanto, a la seguridad de su pueblo y al poder para ellos mismos. Si miles de personas tuvieran que renunciar a su forma de vida y su fe, entonces sería un sacrificio necesario para garantizar su seguridad.

No podrían haber estado más equivocados. En lugar de unir a los ciudadanos del imperio bajo una cultura uniforme, la turquificación creó grandes divisiones entre los turcos y las minorías que acababan de comenzar el camino hacia la reconciliación. La propaganda del gobierno los engañó argumentando que todos los que no eran turcos eran inferiores y peligrosos, una vez más se encontraron considerando a las minorías— no solo a los armenios— con profunda sospecha. Enfurecidos por el hecho de que efectivamente les habían indicado que abandonaran su propia cultura, muchos armenios respondieron negándose a convertirse en turcos. También se negaron a convertirse al islam.

Si bien la persecución directa no comenzó de inmediato, los armenios ciertamente sintieron el ataque de turquificación desde el principio. Todavía se les imponían impuestos más severos que sus homólogos musulmanes y se les negaban muchos de los privilegios que sus conciudadanos disfrutaban en virtud de ser simplemente turcos. Peor aún, el idioma oficial utilizado en los tribunales y otras instituciones gubernamentales en todo el Imperio otomano se había cambiado al turco, que muchos armenios y otras minorías no hablaban. Los Tres Pashas habían tratado de asimilar a las minorías del imperio; en cambio, habían logrado alejarlos aún más.

La Primera Guerra de los Balcanes fue evidencia de cómo la turquificación no lograba crear la unidad. Cansados de la opresión y decepcionados de que los Jóvenes Turcos no hubieran logrado cumplir todo lo que habían prometido, un grupo de minorías étnicas que vivían en el Imperio otomano pidieron ayuda a sus países de origen. En respuesta, Grecia, Serbia, Bulgaria y Montenegro —todos recientemente independientes del imperio, pero todos con poblaciones étnicas que aún residían junto a los otomanos— unieron fuerzas contra los turcos. Conocidos como la Liga de los Balcanes, estos aliados declararon la guerra a los turcos en 1912, y libraron una guerra brutal y sangrienta contra ellos. La guerra fue devastadora pero también de corta duración; a finales de año, el Imperio otomano había perdido la mayor parte de sus vastos territorios europeos en la Liga de los Balcanes. Sin embargo, en lugar de reformar sus políticas hacia las minorías, los Tres Pashas consideraron la Primera Guerra de los Balcanes como un síntoma del problema de tener a personas que no eran turcos dentro del imperio. La turquificación se vio obligada cada vez más a las minorías.

A medida que el descontento se propagaba como una enfermedad a través del imperio, pronto se enfrentaría a problemas mucho más severos. Por primera vez en la historia, el mundo entero estaba a punto de ir a la guerra.

* * * *

La Europa de 1914 era leña, empapada en un fluido más ligero. Todo lo que se necesitaría era una sola chispa para encender todo el continente y, con él, el resto del mundo. Y esa chispa encontraría sus orígenes en la Segunda Guerra de los Balcanes.

Tras recuperar diversos territorios del Imperio otomano, los miembros de la Liga de los Balcanes casi inmediatamente comenzaron a luchar entre ellos sobre cómo dividir el botín de la guerra. Los territorios que los vencedores habían ganado eran considerables, y causó una profunda división entre los miembros de la Liga. Para 1913, Grecia y Serbia habían formado una alianza contra Bulgaria. En represalia, Bulgaria recurrió a su poderoso vecino, Austria, en busca de ayuda. Austria no era una potencia despreciable en ese momento, y Grecia y Serbia lo consideraron como una amenaza significativa. Declararon la guerra a Bulgaria en el verano de 1913.

La Segunda Guerra de los Balcanes, como su predecesora, fue tan despiadada como de corta duración. En solo dos meses, Bulgaria— a pesar de su poderoso aliado— había sido derrotada. Grecia y Serbia obtuvieron lo que querían, pero aún estaba claro que Bulgaria y Austria fueran una amenaza para los países que recién comenzaban a recuperarse de los siglos de dominio otomano.

El resto de Europa se vio envuelto en conflictos similares. Alianzas complicadas modelaron Europa y Asia: Serbia se alió con Rusia, que a su vez se alió con Francia, que era un aliado de Gran Bretaña, y que a su vez se alió con Japón. Cualquier movimiento desde un solo país podría desencadenar un efecto bola de nieve de guerra con otros países a medida que avanzaban para defender a sus aliados. El Imperio otomano, por su parte, no se alió oficialmente con nadie de esta manera, pero conservó su buena relación con Alemania, sabiendo que se avecinaban problemas.

Las tensiones sobre las tierras imperiales en África y Asia contribuyeron a una carrera armamentista entre los países, ya que cada uno intentó demostrarle al otro que era demasiado poderoso para atacar. Como resultado, en 1914, toda Europa estaba armada por completo y buscando una lucha. Todo lo que necesitaba era una razón, y un hombre serbio llamado Gavrilo Princip proporcionaría la razón de una guerra que cobraría casi diecisiete millones de vidas.

Princip era un nacionalista serbio. Si bien Serbia había luchado contra Austria en la Segunda Guerra de los Balcanes, todavía había serbios y otros pueblos eslavos que vivían en Austria en ese momento, y deseaban liberarse de los ideales imperialistas de Austria, que se remontaban a sus días de gloria como la sede de los gobernantes de los Habsburgo del Sacro Imperio romano siglos antes. Era un grupo terrorista serbio, conocido como la Mano Negra, que eventualmente decidiría realizar algo menos que diplomático sobre este problema. Y Princip fue el dedo en gatillo de la Mano Negra — un hecho que demostró cuando asesinó al aparente heredero austríaco, el archiduque Franz Ferdinand y su esposa, Sophie, el 28 de junio de 1914.

De inmediato, toda Europa se encontraba en una polémica total. Austria estaba decidida a declarar la guerra a Serbia, pero se vio obligada a dudar debido al poderoso aliado de Serbia, Rusia, quien tenía aliados aún más poderosos. Austria, sin embargo, fue respaldada por el alemán Kaiser Wilhelm II. Reforzado por el conocimiento de su propio aliado, Austria-Hungría le otorgó a Serbia un ultimátum imposible. El ultimátum, que exigía que Serbia permitiera a sus enemigos investigar el asesinato en Serbia, fue redactado con el conocimiento de que posiblemente no podría haber sido aceptado. No era tanto una forma de salir de la guerra como una manera de culpar. Serbia, que no tuvo otra opción, respondió declarando la guerra. En cuestión de días, Austria-Hungría y Alemania se encontraron enfrentando un conflicto no solo con Serbia sino también con Rusia y sus aliados, Gran Bretaña, Francia y Bélgica.

El 4 de agosto de 1914 marcó el comienzo de la guerra. Alemania encabezó una invasión a Francia y al mismo tiempo lanzó un ataque contra Rusia en el este. El efecto en Francia fue completamente devastador cuando los destacados comandantes alemanes devastaron el país y tomaron la ciudad de Lieja el 15 de agosto.

Durante meses, el Imperio otomano, que no estuvo directamente involucrado en el conflicto, se relajó y observó cómo ardía Europa. Y los Tres Pashas tenían una buena razón para no querer involucrarse en lo que estaba surgiendo en la Primera Guerra Mundial. Décadas de guerra y revolución habían dejado al Imperio otomano consumido y agotado, mientras el frágil movimiento Joven Turco luchaba por recoger las piezas después de la devastadora Primera Guerra de los Balcanes, por lo que parecía que participar en la Primera Guerra Mundial sería desastroso. Sin embargo, cuando Alemania comenzó a acumular victoria tras victoria, Enver Pasha comenzó a reconsiderar. Unirse a la guerra en el lado alemán podría ser una bendición para el Imperio otomano si terminara en victoria. Podría ser el Ave María lo que el imperio necesitaba para solidificar sus fronteras que se derrumbaban rápidamente— una última apuesta para recuperar su antiguo poder.

A pesar de la oposición del primer ministro, Enver Pasha se ganó rápidamente el apoyo de los otros dos Pashas, y el Imperio otomano entró en la Primera Guerra Mundial el 28 de octubre de 1914, luchando junto a Alemania.

La mayoría de los combates en los que se involucraron los otomanos ocurrirían en el Medio Oriente y los Balcanes, no directamente dentro de las fronteras del imperio. Consternados, sus ciudadanos aún se verían obligados a presenciar, después de haber sufrido masacres y una revolución, un nuevo mal: una guerra mundial. ¿Qué podría ser peor?

Pronto encontrarían la respuesta a esa pregunta.

Capítulo 6 – Domingo Rojo

Soghomon Soghomonian probablemente había escuchado por primera vez las palabras de "Dle Yaman" en los flancos del monte Ararat cuando era un preadolescente recién huérfano. En la década de 1880, era una canción de amor, y el borde apasionado de sus letras soplaba a través de la brisa de la montaña para iluminar algo en el corazón del joven Soghomon. La canción era desesperada, fantasiosa y romántica.

¡Pobre de mí! ¡Pobre de mí! Nuestras casas se enfrentan entre sí,
¡Ay, ay! ¿No es suficiente que mis ojos te envíen una señal?
¡Pobre de mí! ¡Pobre de mí! ¡Oh, mi amor!
¡Ay, ay! ¿No es suficiente que mis ojos te envíen una señal?

Poco sabía Soghomon que "Dle Yaman" algún día sería mucho más que una vieja canción de amor, especialmente para él. Se convertiría en una canción de pérdida, una pérdida tan profunda y palpable que todo el mundo pudo sentir la peor parte de su agonía.

* * * *

Soghomon Soghomonian, nacido armenio cristiano en 1869, es mejor conocido por su nombre ordenado de Komitas. No solo fue un líder en la Iglesia armenia, sino que también creció para convertirse en un cantante y compositor que construiría por sí solo las bases de la música popular armenia como se le conoce hoy en día. Y al igual que

235 compañeros armenios, Komitas fue deportado el día que comenzó el Genocidio Armenio: 24 de abril de 1915.

Desde que el Imperio otomano se unió a la Primera Guerra Mundial, la vida se había vuelto cada vez más difícil para los armenios, particularmente porque las autoridades religiosas islámicas aprovecharon la oportunidad para declarar la guerra. Su guerra, sin embargo, no sería contra los enemigos de Alemania. Sería una guerra santa, una yihad contra todos los no cristianos (a excepción de sus aliados en la Primera Guerra Mundial, convenientemente). Esto significaba que incluso los ciudadanos armenios dentro del Imperio otomano no se salvarían. La esperanza que había traído la revolución de 1908 se desvaneció cuando otra ola de opresión aplastó a los armenios. Los musulmanes los consideraban como un objetivo, e incluso los líderes seculares los veían con sospecha e incluso con miedo. Dado que los otomanos habían pasado décadas haciendo la vida insoportable para todo el pueblo armenio, no sería una sorpresa si los armenios decidieran traicionar al Imperio otomano en favor de la vecina Rusia. Con este fin, el gobierno lanzó una campaña para eliminar todas las armas de la posesión armenia. Las personas fueron despojadas de cualquier cosa que pudiera usarse para la rebelión o la defensa propia, hasta sus propios cuchillos de cocina.

Algunos de los armenios ciertamente estaban listos para aliarse con Rusia, con la esperanza de que sus vidas fueran un poco mejores en un país cristiano. La mayoría, sin embargo, simplemente intentó continuar con su vida cotidiana lo mejor que pudo ante una guerra mundial. Solo eran personas comunes y corrientes haciendo cosas normales. Representaban poca amenaza, pero Enver Pasha no sería persuadido para creerlo.

Esto se volvió evidente cuando Enver Pasha llevó a su ejército a Sarikamish, Rusia. Planeaba recuperar algunas de las tierras que los otomanos habían perdido con Rusia en la guerra ruso-turca en la década de 1870, pero era un plan ambicioso condenado al fracaso, y el ejército de Enver Pasha fue destruido por las tropas rusas. Enfurecido, Enver Pasha culpó a los armenios en el área, argumentando que se habían puesto del lado de los rusos y habían causado la pérdida de innumerables vidas turcas. Esto no era del todo falso; era cierto que algunos voluntarios armenios se habían unido a las fuerzas del zar ruso, pero sus números y fuerzas no eran los culpables de la derrota. En cambio, era más probable debido a la incompetencia de Enver Pasha.

Sin embargo, el pánico por los peligros percibidos de los armenios, alimentados por la propaganda, se extendió por todo el ejército otomano, y los hombres armenios que habían sido reclutados para el ejército fueron retirados del servicio pasivo, despojados de sus armas y transferidos a los llamados batallones de trabajo para llevar a cabo el trabajo tedioso y laborioso de la guerra. Por lo tanto, Enver Pasha intentó asegurarse de que cada armenio en el imperio fuera desarmado.

En abril de 1915, las tensiones se elevaron en todo el Imperio otomano. Mientras que algunos armenios habían unido fuerzas con los rusos, la gran mayoría de ellos estaban aterrorizados e indefensos dentro del imperio— y por una buena razón. Los grupos violentos de delincuentes comenzaron a formarse con una sola intención: matar a los armenios. Y la policía turca hizo poco para detenerlos cuando el caos estalló en todo el imperio, con los armenios expulsados de sus hogares y masacrados en las calles por dichos grupos.

La violencia fue particularmente severa en el área de Van, una ciudad otomana cerca de la frontera rusa. Los armenios en las ciudades y pueblos que rodean a Van se encontraron en guerra con las pandillas que buscaban asesinarlos a todos; la policía no fue de ninguna ayuda, y los armenios habían sido privados de cualquier medio para defenderse de sus enemigos merodeadores. Desesperados, miles de armenios huyeron a la ciudad misma. A pesar de ser superados en número por los turcos, los armenios se involucraron en una sangrienta y desorganizada batalla cuerpo a cuerpo en las calles de Van. Miles perecieron, pero finalmente lograron obtener el control de la ciudad. Manteniendo las puertas abiertas para los refugiados, que ingresaron en gran cantidad desde el campo circundante, los armenios rezaron para que Van demostrara ser un refugio seguro. Sin embargo, con solo 1,500 hombres para defenderlo (armados con alrededor de 1,000 pistolas y 300 rifles, que eran menos armas que los hombres), la situación seguía siendo terriblemente sombría.

Pronto se volvería aún más sombrío. El 19 de abril de 1915, un comandante militar llamado Jevdet Bey ordenó a la ciudad que entregara 4.000 reclutas para los batallones de trabajadores. Su orden era una deficiente pretensión; los armenios sabían que, si les enviaban a esos hombres, serían ejecutados de inmediato. Intentando ganar algo de tiempo, le ofrecieron enviarle 500 hombres y algo de dinero de exención. Pero Jevdet se negó. Nunca quiso soldados; él quería sangre, y la obtendría. Al llamar a los armenios rebeldes (que ciertamente lo eran, pero enfrentaban una persecución masiva), Jevdet afirmó furioso que iba a matar a "todos los hombres, mujeres y niños cristianos" en la ciudad.

Si la rendición pacífica hubiera sido una opción, es posible que los armenios la hubieran tomado. Las probabilidades eran pésimas; Jevdet tenía a su disposición unos 5.000 soldados experimentados, y la 1ª Fuerza Expedicionaria de Enver Pasha— que rondaba los 60.000— estaba cerca. Los armenios deben haber sabido que defenderse significaría que morirían, pero al menos morirían luchando en lugar de ser ejecutados brutalmente a sangre fría.

Las cosas llegaron a un punto crítico el 20 de abril de 1915. Una mujer solitaria— golpeada, maltratada, agotada y traumatizada más allá de toda expresión—caminó a través del campo devastado, en dirección al oasis de paz que esperaba encontrar en Van. Había sobrevivido, y estaba completamente desesperada, tan desesperada que, en su camino aterrador hacia la ciudad, se desvió demasiado cerca de los soldados otomanos. La tomaron, y sus intenciones eran claras cuando golpearon su cuerpo y la empujaron. Incapaces de mirar, un par de hombres armenios salieron de Van y corrieron en su ayuda. Su esfuerzo fue tan patético como valiente. Fueron disparados rápidamente, uno tras otro, y Jevdet consideró esto como la excusa perfecta para atacar. Envió a sus soldados hacia adelante, y comenzó el asedio de Van, que a menudo se conoce como la Defensa de Van.

A pesar de que eran superados en número, los armenios lograron mantener las puertas de la ciudad abiertas a los ríos de refugiados que continuaban llegando a la ciudad; en este punto, había unos 45.000 inocentes vulnerables dentro de la ciudad, defendidos por un grupo valiente. A pesar de los mejores esfuerzos de su guardia, los miles de refugiados fueron masacrados.

Aun así, el gobierno otomano aún no había legalizado asesinar a los armenios. Pero todo eso cambiaría el 24 de abril de 1915. La Defensa de Van todavía estaba en su apogeo cuando, a 785 millas de distancia, tendría lugar un acto oficial de persecución despiadada contra los armenios en la capital del Imperio otomano.

Constantinopla no era la joya de la cultura y el comercio que había sido en la era del Imperio bizantino, pero no obstante fue un centro académico y artístico en el Imperio Otomano. A pesar de las desventajas que les impuso su raza, muchos armenios habían logrado volverse famosos como intelectuales importantes dentro de la ciudad. Soghomon Soghomonian, conocido por entonces como el padre Komitas, era uno de ellos. Después de pasar años viajando por el mundo y tocando música popular armenia, Komitas se había convertido en una especie de celebridad. Quizás hubiera sido más sabio para él quedarse en Europa, donde la mayoría de las personas simpatizaban con la causa armenia y lo consideraban como un artista trágico pero maravilloso; en cambio, había vuelto a casa en Constantinopla.

Como cientos de otros intelectuales armenios, Komitas pasaba pacíficamente la noche del 23 de abril de 1915, cuando llegaron los otomanos. Irrumpiendo en sus hogares y lugares de trabajo, los soldados turcos y la policía arrestaron a un total de unos 235 intelectuales armenios esa noche. Se les indicó que ya no tenían derecho a ser ciudadanos del Imperio otomano. Serían detenidos brevemente en celdas en Constantinopla antes de ser deportados al desierto sirio.

En los días siguientes, miles de armenios más fueron detenidos y expulsados de la ciudad. Mientras tanto, Van continuó enfrentándose a la horda furiosa de Jevdet; de hecho, el asedio continuaría hasta el 17 de mayo, cuando las fuerzas de socorro rusas finalmente vendrían al rescate. Todavía era demasiado tarde para aproximadamente 50.000 armenios, algunos de ellos soldados, pero muchos de ellos petrificados refugiados que habían huido a la ciudad. Los que sobrevivieron mantuvieron el control de la ciudad con la ayuda de los rusos.

En ese momento, miles de armenios más se verían obligados a abandonar el imperio que había sido tan cruel con ellos, pero era el único hogar que su pueblo había conocido durante miles de años. Mientras que muchos de los intelectuales arrestados el 24 de abril fueron ejecutados, Komitas sobrevivió, pero solo como una sombra de su antiguo ser. Los eventos de la deportación, y, en el camino, la violación y ejecución de cientos de armenios— dejarían una cicatriz en su mente que nunca podría sanar.

Nadie podía culparlo, porque lo que Komitas y otros más tuvieron que soportar fue nada menos que una marcha de la muerte.

Capítulo 7 – La Marcha de la Muerte

Ilustración II: Refugiados en Campamento Sirio

Teniendo en cuenta que Armin T. Wegner era miembro del ejército alemán, fue un poco sorprendente que eligiera convertirse en uno de los mejores aliados de los armenios.

Cuando estalló la guerra en 1914, Wegner— que entonces tenía 28 años— no podía enfrentar la idea de tomar armas explícitamente para matar a otros. Sin embargo, tuvo que unirse al ejército, y lo hizo como médico de combate. Siempre impulsado por un deseo fuertemente altruista de hacer del mundo un lugar mejor, Wegner tenía poco gusto por la guerra, pero ciertamente no le faltaba coraje. Poco después de ser enviado al frente del Medio Oriente, ganó una Cruz de Hierro por su valentía al ayudar a los soldados heridos bajo fuego pesado.

Pero Wegner no solo había asistido a ayudar a los heridos. Había asistido a documentar los acontecimientos de la guerra— y durante mucho tiempo había sospechado que la política del Imperio otomano contra los armenios no era el acto de defensa que reclamaba su liderazgo. Los líderes del Imperio otomano habían protestado porque deportar a todos los armenios era su única opción para protegerse de las alianzas rebeldes entre armenios y rusos. Wegner tuvo el presentimiento de que esto no era correcto. Pero lo que presenciaría era mucho peor que cualquier cosa que pudiera haber imaginado.

El arresto de varios miles de armenios en Constantinopla en abril de 1915 fue solo el comienzo de las deportaciones. El gobierno otomano quería que se marcharan, y llevarían a esos armenios a través del brutal desierto sirio en el calor creciente del verano y luego los arrojarían a la pequeña ciudad de Deir ez-Zor en Siria. La ciudad no podría recibir a las masas de armenios que se estaban acumulando, pero los otomanos no estaban preocupados por esto. Todos los armenios podrían perecer en ese desierto por todo lo que les importaba.

Y esos grupos de armenios eran realmente inmensos. Cuando Talaat y los otros dos Pashas ordenaron por primera vez la deportación de armenios, se suponía que incluía solo a aquellos que habían estado involucrados en la violencia en Van y otras áreas del Imperio otomano (violencia que, irónicamente, Talaat llamó "masacres") Para el 29 de mayo de 1915, se había aprobado una nueva ley. Esta Ley de Tehcir fue la sentencia de muerte para cientos de miles de armenios.

La Ley Tehcir permitió a los funcionarios otomanos deportar sumariamente, sin ningún tipo de juicio o investigación y, a su discreción, a cualquier persona armenia que se considerara una amenaza para la seguridad nacional. Por supuesto, para muchos funcionarios, no había necesidad de sentir una amenaza en absoluto. Simplemente ser armenio fue motivo suficiente para que miles de personas inocentes fueran arrestadas, y una vez que fueron arrestadas, fueron enviadas al desierto sirio para morir.

Muchos ni siquiera llegaron tan lejos. La retirada forzada de los armenios del Imperio Otomano fue completamente brutal. Proviniendo de las frescas laderas verdes de las montañas de Anatolia, los armenios se vieron obligados a caminar, generalmente a pie, a través del paisaje desértico.

Todos sufrieron; y el alivio llegó en un leve grado a los más ricos, que pudieron pagar a los guardias para que les brindaran más comida. Pero se debe considerar a aquellos que solo eran unos niños cuando comenzó el genocidio. Seguir el viaje de un niño armenio a lo largo de una de esas marchas de la muerte es casi incomprensible; el sufrimiento que todas esas personas soportaron (o no pudieron soportar) es casi demasiado difícil de imaginar. Pero por su memoria, intentemos imaginarlo. Tratemos de imaginar cómo sería ser un niño armenio arrastrado desde una casa rural en las verdes laderas donde sus antepasados habían vivido mucho antes de que el Imperio otomano tuviera un nombre.

Bruscamente arrestados por la policía, el ejército o los ciudadanos turcos comunes (a quienes, en muchos casos, se les otorgó libertad para "ayudar" a los militares en el arresto y persecución de los armenios), usted y su familia posiblemente serían retenidos en un lugar húmedo y superpoblado por un breve tiempo mientras otras personas como usted eran detenidas. ¿Los niños hicieron preguntas? ¿Querían que sus padres les dijeran por qué estos hombres crueles los estaban llevando? ¿Preguntaron qué habían hecho mal? ¿Vieron llorar a sus propias madres y padres? ¿O fue peor que eso – fueron despojados de sus familias y llevados por crueles desconocidos a la oscuridad?

Si era una mujer o incluso una joven bastante atractiva, su suerte sería aún más infeliz que la de sus homólogos masculinos. Impulsados por la ira y el deseo incontrolados, después de haber dejado atrás a sus propias esposas o novias para unirse al ejército, los soldados fueron salvajes en su trato hacia las mujeres y las niñas. Las madres fueron violadas delante de sus hijos, las novias delante de sus novios. A veces, en repetidas ocasiones, sus cuerpos fueron violados una y otra vez por varios hombres hasta que las dejaron morir en el camino o tal vez las desnudaron y las vendieron como esclavas en alguna de las ciudades.

Despojado de su dignidad, despojado de la inocencia de la infancia, despojado quizás de su madre o hermanas o de sus propios derechos sobre su cuerpo, entonces se vería obligado a comenzar la marcha. Quizás en ese momento, su padre o hermano había tratado de enfrentarse a los soldados y habían sido golpeados hasta la muerte o atravesados por una espada. Quizás su familia todavía se aferraba el uno al otro cuando fueron conducidos como ganado maltratado hacia el desierto sirio. Algunos pocos afortunados —cuán afortunados es cuestionable— fueron conducidos como ganado a los vagones en los trenes. Agrupados con solo espacio para estar de pie, se vieron obligados a soportar el largo viaje en tren sin comida ni agua o incluso algún lugar para ir al baño. El hedor de excremento debe haber llenado esos vagones hasta que el aire era casi imposible de respirar. En esos vagones sin ventanas, el mareo debe haber sido inevitable, y no había ningún lugar para vomitar, excepto en las personas que lo rodeaban. La enfermedad se extendió como incendios forestales.

Los que no fueron llevados en los vagones no tuvieron más remedio que caminar. Y la distancia de esa caminata difícilmente se puede pensar en términos de algo de lo que cualquier ser humano sea capaz. Los armenios arrestados en Constantinopla se verían obligados a caminar casi mil millas hasta Deir ez-Zor. Si eran viejos o jóvenes, enfermos o sanos, si tenían niños pequeños o abuelos con ellos, si estaban embarazadas, enfermos, o discapacitados, los armenios tenían que moverse, y debían hacerlo a un ritmo dictado por (comparativamente) soldados bien alimentados que en su mayoría eran hombres jóvenes en forma. No seguir el ritmo significaba ser asesinado brutalmente y con una espada. Los asesinatos se hicieron expresamente para traumatizar a los testigos. Si era un niño, es posible que tuviera que ver morir a sus padres, a sus hermanos o a su abuelo de una manera espantosa.

Si era un niño, era poco probable que hubiera sobrevivido hasta entonces. Las disposiciones que el gobierno turco había hecho para aquellos que tropezaban con el desierto eran completamente lamentables; de hecho, la falta de provisiones de comida, agua o refugio sería parte del argumento de que lo que el Imperio otomano había hecho era realmente un genocidio en lugar de una guerra. Cuando el gobierno envió a esos armenios al desierto, fue con pleno conocimiento que la mayoría de ellos no sobrevivirían. El objetivo no era deportar a un grupo de rebeldes. El objetivo era aniquilar a todo un grupo cultural.

Quizás incluso peor que la inanición— que fue tan severa que los armenios se encontraron recolectando en los cultivos para obtener granos crudos solo para llevar algo a sus estómagos— fue el calor. La mayoría de las desafortunadas víctimas estaban acostumbradas al aire fresco y limpio de las montañas. Ahora, se encontraban moviéndose a través de la sequedad absoluta del desierto sin acceso libre al agua potable. Se deshidrataron y murieron en el camino por miles, sin refugio de la sombra, ya que se vieron obligados a marchar en el calor del día. Si fuera un niño, sosteniendo la mano de su madre (si su madre, a pesar de la violación y el abuso, hubiera sobrevivido), observaría miles de cadáveres tirados a lo largo del camino mientras caminaba. Algunos de ellos estarían descompuestos o desgarrados por los animales carroñeros. Las moscas se cruzarían con sus ojos vidriosos mientras miraban el cielo despiadado, y usted, un simple niño, presenciaría más muertes en un día de lo que la mayoría en la vida.

Para empeorar las cosas, sería testigo de la desintegración total del estado mental de muchos de los adultos que le rodean. Quizás incluso adultos a los que admiraba, adultos en los que confiaba. Los efectos psicológicos de presenciar y sobrevivir al terror y la destrucción que se estaba forjando en su pueblo fueron devastadores para muchos de los armenios. Komitas fue uno de ellos. La mente que podía crear una melodía de la nada, el corazón que latía tan apasionadamente por el pueblo armenio, el alma que estaba tan comprometida con su fe, ahora se redujo a una sombra petrificada de sí misma. Komitas pasó gran parte de su tiempo aferrándose a cualquiera que conociera, balbuceando sin sentido, cada roca y piedra imaginada como un guardia apuntando con un arma hacia él. No sería el único.

Y cientos de soldados estaban participando en esta violencia y brutalidad o fueron testigos silenciosos de ello. Algunos de ellos deben haber sentido una sensación de injusticia. A medida que los cuerpos de los inocentes comenzaron a acumularse junto a la carretera, seguramente debe haber existido cierta conciencia de que la humanidad acababa de cruzar la línea de la guerra a algo aún más oscuro. Esto fue más que destruir una amenaza a la seguridad nacional. Esta fue la destrucción de una raza entera. Sin embargo, muchos de ellos continuaron violando y matando sin motivo o simplemente mantuvieron la boca cerrada y los ojos ciegos ante la devastadora escena ante ellos.

Armin T. Wegner, sin embargo, no fue uno de ellos. Había llevado su cámara al frente y, a pesar de las considerables amenazas de sus superiores y los otomanos, la usó. Contrabandeando los platos de vuelta a casa para que nadie pudiera encontrarlos, Wegner documentó las atrocidades que tenía delante, a pesar de que los aliados de su país los cometían. Sus fotografías muestran la devastadora historia de las marchas de la muerte, imágenes casi demasiado desgarradoras y terribles que ver. Un sacerdote armenio desesperado y desconcertado, abrumado por la cantidad de muertos para quienes deseaba realizar ritos funerarios. Los cadáveres esqueléticos de los niños que murieron de hambre, sus cuerpos no eran más que huesos con una fina capa de piel, sus labios incluso retirados de sus dientes con la escasez de sus cuerpos. Los ojos vacíos de los huérfanos, mirando inexpresivamente a la cámara, el horror detrás de sus ojos casi demasiado real para comenzar a imaginar. La enfermedad arrasando sus miserables campamentos y dejando atrás miles de cadáveres.

Cientos de miles de armenios murieron de la manera más cruel en esas despiadadas marchas de la muerte. Tanto es así que solo 45.000 armenios realmente llegaron a Deir ez-Zor. Y una vez que llegaran a su destino, no sería el final de su sufrimiento. Pero Wegner no fue la única voz que se expresó en contra de la destrucción del pueblo armenio. Gracias al telegrama, el resto del mundo también estaba escuchando.

Capítulo 8 – Mil Huérfanos

Wegner no fue el único que alzó la voz contra lo que sucedía en el Imperio Otomano. De hecho, al igual que los misioneros que trabajaron en las masacres de Hamidian y Adana, muchos estadounidenses también hablarían en contra de la locura, lo que provocó una ola de apoyo en los Estados Unidos cuando participó en la Primera Guerra Mundial en el lado aliado.

El embajador estadounidense en el Imperio otomano les indicó a sus superiores cómo los Tres Pashas habían dado "la orden de muerte a toda una raza", y que incluso en sus conversaciones con él, los funcionarios no hicieron ningún intento de fingir que la deportación de los armenios era otra cosa más que un intento de exterminarlos. No existía una palabra para "genocidio" en 1915, pero la descripción del embajador Henry Morgenthau fue más acertada: lo llamó "asesinato racial". La invención del telegrama había permitido transmitir información en todo el mundo mucho más rápido que una carta, y no pasó mucho tiempo antes de que las noticias del genocidio llegaran a las costas de Estados Unidos. El *New York Times* ya había publicado una historia sobre una inminente masacre a principios de 1915, y ahora mantenía a los ciudadanos informados de las atrocidades que se cometían en el Imperio otomano. Teniendo en cuenta que Estados Unidos y los otomanos fueron enemigos durante la guerra, ciertamente es posible que existiera algo de propaganda involucrada. Pero cuando los estadounidenses preocupados comenzaron a hacer un esfuerzo por ayudar, quedó claro que la historia del destino de los armenios era más que una pesadilla. Era demasiado real.

El Comité Americano para el Auxilio Armenio y Sirio (ACASR) se formó y recibió el firme apoyo del presidente Woodrow Wilson. Durante el genocidio y especialmente en los años siguientes, donaciones y voluntarios inundaron el Imperio Otomano para intentar ayudar a los asediados armenios y otros grupos minoritarios que también estaban siendo perseguidos. Trágicamente, a pesar de sus mejores esfuerzos, estos voluntarios no pudieron hacer mucho. Los otomanos— quizás un poco sorprendidos de que algunos armenios hubieran llegado a Deir ez-Zor— aún no habían terminado. No descansarían hasta que la población armenia hubiera sido destruida.

* * * *

Ali Suad Bey no podía creer lo que veía.

El gobernador del área alrededor de Deir ez-Zor, Ali Bey, estaba entrenado en la guerra. Era, después de todo, un comandante militar; quien había visto una gran cantidad de problemas. Pero nada como esto.

Ali Bey observó con completo horror cómo decenas de miles de armenios entraban a su dominio desde el desierto. Habían caminado cientos de millas a través del desierto sirio en pleno verano, y estaban exhaustos, enfermos y deshidratados. La mayoría de ellos eran mujeres y niños; la mayoría de los hombres habían sido sistemáticamente asesinados en el camino. De hecho, la gran mayoría eran niños huérfanos. Tenían ojos oscuros y hundidos que parecían vacíos debido a las atrocidades que habían presenciado, con caras esqueléticas, las mejillas contraídas y pálidas, marcadas por el brutal sol. Sus labios agrietados estaban estirados sobre dientes que sobresalían de la demacración. Todo lo que podían pensar era en la supervivencia. Estaban completamente desesperados por comida y agua, su cabello repleto de piojos y heridas cubriendo sus pequeños cuerpos sin bañar. Ali Bey no podía entender por qué su gobierno los consideraba una amenaza tan terrible para la seguridad nacional. Solo eran niños—niños traumatizados, aterrorizados y huérfanos que habían soportado más en el verano de lo que la mayoría de la gente tendría que soportar en toda una vida.

Ali Bey también estaba sorprendido de verlos. El gobierno turco no se había preocupado en lo más mínimo por lo que harían realmente con los armenios una vez que hubieran llegado al final de la deportación; de hecho, parecían ligeramente sorprendidos de que alguno de ellos hubiera sobrevivido a las marchas de la muerte. No se hizo ninguna provisión para recibir a los deportados una vez que llegaron a Deir ez-Zor. Ali Bey estaba horrorizado y también decidido a intentar refugiar a los 30,000 armenios hambrientos que estaban llegando a su puerta. Afortunadamente, había una gran cueva cerca que podría servir como refugio temporal del sofocante sol de agosto, pero de ninguna manera podría refugiar a tantas personas. Ali Bey tenía un problema real en sus manos, y el resto de la administración otomana no tenía ningún interés en ayudarlo.

Sin embargo, este valiente árabe no estaba dispuesto a renunciar a las miles de personas indefensas que ahora dependían de él. Se esforzó por construir campos de refugiados lo mejor que pudo, y por un breve tiempo, a los armenios se les otorgaron los derechos de los que habían sido tan privados durante las marchas de la muerte. Ali Bey les proporcionó comida, agua, refugio e incluso atención médica y protección lo mejor que pudo. No debió haber sido fácil; el financiamiento del gobierno debió haber sido prácticamente inexistente para este proyecto, y Ali Bey estaba casi completamente solo en sus esfuerzos. Con este fin, acogió personalmente a aproximadamente mil huérfanos, alimentándolos probablemente de su propio bolsillo o incluso saqueando las arcas de la ciudad para abastecer a su afluencia de refugiados. Estaba decidido a que el Genocidio Armenio— que ya había cobrado cientos de miles, si no más de un millón de vidas en las marchas de la muerte— terminaría.

Si se hubiera quedado solo para hacer lo que estaba haciendo, Ali Bey también podría haber tenido éxito. Pero eso no ocurriría.

Los armenios, en este punto, habían sido expulsados del Imperio otomano. Los que se refugiaban bajo las alas de Ali Bey eran en su mayoría mujeres y niños. Ninguno de ellos eran soldados, y es poco probable que alguno de ellos haya mostrado una seña de rebelión. Sobrevivir a la marcha de la muerte era ser totalmente sumiso; mostrar cualquier signo de resistencia era morir brutalmente frente a su familia. Esos refugiados fueron sobrevivientes, pero también fueron tan golpeados como un ser humano. Lo habían perdido todo— sus hogares, negocios, trabajos, familias. Es inconcebible que 30.000 armenios hambrientos pudieran ser una forma de amenaza para el Imperio otomano, que movilizó a casi tres millones de soldados durante la Primera Guerra Mundial. Sin embargo, a Talaat Pasha, Ministro del Interior, no le preocupaba que los armenios fueran una amenaza. Odiaba el hecho de que incluso existieran, y esto quedó muy claro en una clave que envió a Deir ez-Zor en septiembre de 1915. Talaat prohibió la corte marcial de cualquier soldado que hubiera cometido crímenes contra los armenios; También prohibió a los armenios abrir cualquier demanda contra el ejército o el gobierno otomano.

La gota que colmó el vaso llegó a mediados de septiembre de 1915. En este punto, los armenios se habían refugiado en Deir ez-Zor durante algún tiempo, y habían establecido un pequeño pueblo. El comercio comenzaba a tener lugar entre ellos; estaban recordando sus canciones e historias, sus habilidades. Empezaban a vivir de nuevo a pesar de la miseria que habían experimentado— después de todo, los armenios no eran más que sobrevivientes. Estaban comenzando a encontrar su camino de regreso a una apariencia de normalidad, gracias a los esfuerzos de Ali Suad Bey.

Entonces las órdenes vinieron del superior de Ali Bey, el gobernador general Abdülhalik Renda. Le indicó a Ali Bey que permitir que miles de armenios vivieran pacíficamente en su nuevo "hogar" era "una instancia de desacuerdo con el objetivo sagrado del gobierno". "¡Expúlsalos de ese lugar!" le ordenó con vehemencia.

Ali Bey era muy consciente, y su superior dejó en claro que su "objetivo sagrado" era matar a todos los armenios en la faz de la tierra. La respuesta de Ali Bey fue apacible y simple. "No existen medios de transporte para poder deportar a la gente", argumentó a su superior. Los "medios de transporte" que se habían utilizado para llevarlos a Deir ez-Zor en primer lugar— los propios pies de los armenios— ciertamente existían, pero Ali Bey estaba dejando en claro que no iba a enviar a los refugiados a otra marcha de la muerte. Dejó su postura muy clara en la segunda oración de su telegrama: "Si el objetivo que se persigue es matarlos, no puedo hacerlo ni lograrlo".

Nada iba a persuadir a Ali Bey de lastimar a la gente que estaba protegiendo. Y así, fue removido sumariamente de su posición. En su lugar, el gobierno otomano instaló a Zeki Bey, un comandante militar que ya había demostrado ser excepcionalmente brutal y cruel en la guerra. Acosar a otros soldados en la batalla era diferente; intimidar a 30.000 armenios indefensos era una satisfacción en sí misma a los ojos de Zeki Bey, y él cumplió con su deber de hacer que la vida de los armenios fuera lo más insoportable posible sin restricciones.

Bajo el mando de Zeki Bey, los campos de refugiados que Ali Bey había establecido con tanta dedicación se convirtieron en campos de exterminio, un precursor desgarrador de lo que los judíos sufrirían a manos de los nazis en la Segunda Guerra Mundial. Los alimentos y el agua fueron retenidos de inmediato, los golpes y las violaciones volvieron a ser comunes, y cualquier fragmento de esperanza o alegría que los armenios habían encontrado en sus vidas fue nuevamente eliminado y destruido sin piedad. Los asesinatos comenzaron nuevamente cuando miles de niños murieron de hambre y miles de armenios fueron expulsados de los campamentos para vagar por las orillas del Éufrates y morir en el desierto.

Lo más triste, es que los mil huérfanos que Ali Bey había establecido en una extensa casa y que cuidaba personalmente fueron arrojados a la calle. Zeki Bey no intentó dispararles ni ahogarlos. No tuvo que hacerlo. Simplemente los dejó en las calles para morir de hambre. Y murieron de hambre, tal vez todavía mendigando en las puertas de la casa donde habían encontrado alegría tan brevemente, hasta que colapsaron y murieron en las alcantarillas, desnudos y solos.

Capítulo 9 – El Mar Negro se Torna Rojo

Ilustración III: Imagen de Henry Morgenthau de cadáveres armenios masacrados. Esta era una vista común en el campo del Imperio otomano

Eitan Belkind, Aaron Aaronsohn y algunos de sus asociados eran agrónomos. Al menos, eso pensaba el gobierno otomano.

Eitan había estado sirviendo en el ejército otomano desde que era un adolescente, pero nunca había sido realmente un hombre de guerra. Criado en un hogar judío, Eitan había enfrentado una discriminación similar a la que sufrían sus contrapartes armenias. Los judíos en ese momento temían ser reclutados en el ejército otomano, pero cuando llegó el momento de Eitan para unirse al ejército, logró servir en roles que no implicaban disparar un arma. Primero, su fluidez en cuatro idiomas diferentes le valió un puesto como traductor. Luego, en marzo de 1915— un mes antes del comienzo del Genocidio Armenio y después de haber presenciado la brutal deportación de cientos de su propia gente— Eitan fue asignado a trabajar en una infestación de langostas que se extendía por todo el país. Aaron Aaronsohn fue el líder de este proyecto, y Eitan se convirtió en su secretario.

Ahora en sus veintes, trabajaba en la ciudad de Trebisonda (Trabzon hoy en día), ubicada a orillas del mar Negro. Como funcionario de alto rango, a pesar de ser judío, a Eitan se le permitió moverse por el campo como deseaba. Aaron y él estaban en el condado cerca del río Éufrates haciendo su labor de matar langostas en compañía de algunos soldados otomanos cuando lo vieron. Un cadáver. Flotaba tranquilamente, boca abajo, sobre las aguas del Éufrates. Estaba desnudo y, mientras flotaba, Eitan podía ver cada hueso de su cuerpo. Podía contar las vértebras. Podía ver el agua entrando en los profundos huecos entre sus costillas.

Eitan y Aaron expresaron asombro, pero los guardias otomanos cercanos no estaban inquietos. Se encogieron de hombros, riéndose, argumentando que estaba correcto porque era solo un armenio. Había un campamento río arriba, y los guardias otomanos estaban matando sistemáticamente a los armenios— especialmente a los huérfanos— atando sus manos y pies y luego arrojándolos al río.

El horrorizado Eitan pronto sería testigo de uno de los asesinatos en masa más terribles que tuvieron lugar durante el Genocidio Armenio. Si bien muchos de los armenios ya habían muerto en las marchas hacia Deir ez-Zor y otros campos de concentración, y muchos más estaban muriendo de hambre silenciosamente, también había formas más rápidas y comunes de matarlos. Impulsados por el lavado de cerebro y la sed de sangre, los soldados turcos se volvieron cada vez más creativos con sus métodos de asesinar a los armenios por cientos. Simplemente dispararles parecía demasiado misericordioso para un pueblo tan peligroso y malvado como los armenios; en su lugar, comenzaron a mojarlos (especialmente a los huérfanos) en gasolina y posteriormente les prendieron fuego. El ahogamiento también fue común, y en Trebisonda, los asesinatos fueron libres ya que podían elegir entre el Éufrates y el mar Negro.

Eitan hizo su misión averiguar qué les estaba sucediendo a los armenios, y lo que observó fue escalofriante. Su relato de testigo ocular describe las escenas más terribles: los estremecedores campos de concentración, donde su amigo armenio, Shirinyan, encontró a su propia familia muriéndose de hambre; los gritos de las mujeres, escuchados en la noche, y el descubrimiento posterior de niños decapitados flotando en el Éufrates manchado de sangre; jeques árabes buscando entre las mujeres armenias para encontrar esposas (cuyos esposos serían asesinados una vez que el jeque hiciera su elección, si aún no los hubieran matado) mientras su gente estaba siendo asesinada a la vista de ellos; la quema de cinco mil armenios atados a una pila de hierba seca ardiente.

Pero lo peor de todo fue una escena presenciada desde las orillas del mar Negro. Una escena que vería las aguas del mar Negro volverse carmesí.

* * * *

En las andanzas de Eitan entre los armenios, su terrible situación debe haber despertado en él una oscura sospecha: alguien, una persona específica en el gobierno de Trebizond y sus alrededores, debía estar detrás de todo esto. Ese hombre era Cemal Azmi, el gobernador de Trebisonda.

Antes de que el genocidio comenzara formalmente, Azmi había sido uno de los fundadores de la llamada Organización Especial. Oficialmente, la Organización Especial existía principalmente para reabrir el Parlamento después de que Abdul Hamid la cerrara, pero continuó después de la reapertura con un objetivo despiadado: suprimir a los enemigos del Imperio otomano. Y ahora que el imperio había considerado a los armenios como sus enemigos, la mayoría de los miembros de la Organización Especial se encontraban entre los principales responsables del genocidio.

Azmi no fue la excepción. Se ganó su sobrenombre de "el carnicero de Trebizond" al ordenar muchos de los horribles asesinatos que Eitan había presenciado, incluida la quema de esas cinco mil personas a las afueras de Trebizond. Pero las devastadoras incineraciones, ahogamientos y tiroteos de personas inocentes y desarmadas no fueron los únicos métodos de Azmi para deshacerse de los armenios que tanto odiaba. Tenía formas más insidiosas—formas de llegar a esos afortunados grupos de armenios que no habían sido deportados en absoluto, formas de atacarlos justo donde se sentían más seguros: en el hospital para recibir vacunas o procedimientos de rutina.

En ese momento, el tifus se extendía por el imperio devastado por la guerra, particularmente en los campos de concentración o áreas empobrecidas por décadas de masacre y guerra. En la actualidad, el tifus es tratable con antibióticos. En el invierno de 1914 a 1916, décadas antes del descubrimiento de la penicilina, fue una sentencia de muerte incluso para personas sanas; para las víctimas hambrientas y estresadas del genocidio, fue casi siempre mortal.

Para muchos, la epidemia de tifus fue solo una tragedia sobre todas las demás que estaban ocurriendo en el imperio, pero para Azmi, era potencialmente un arma. Normalmente transmitido por los piojos del cuerpo humano (que eran abundantes en los campos de concentración), el tifus también se podía propagar a propósito por otros medios, y Azmi rápidamente persuadió a algunos de los médicos del Hospital de la Media Luna Roja Trebisonda para llevar a cabo la acción. Con el pretexto de administrar vacunas de rutina, un grupo de médicos en el hospital comenzó a extraer sangre de pacientes enfermos con fiebre tifoidea. Luego, cuando los armenios que debían ser deportados ingresaron al hospital, se les inyectó esa sangre plagada de enfermedades. Asistida artificialmente de esta manera, la epidemia de tifus se volvió aún más desenfrenada. Y la bacteria que causó la enfermedad no fue lo único que los médicos estaban suministrando a las personas inocentes— especialmente a los niños— que ingresaron al hospital. Innumerables niños fueron sobre dosificados con morfina hasta el punto de morir. Los doctores, que habían sido educados para ayudar a las personas, los estaban matando por cientos.

Pero no fue lo suficientemente satisfactorio para Azmi. Quizás los médicos simplemente no estaban matando a suficientes personas; quizás la razón de la impaciencia de Azmi era más oscura que eso. Dada su inclinación por matar niños, quizás Azmi fue impulsado por la sed de sangre hasta el punto de querer ver sufrir a los armenios. Irritado por la erradicación metódica del hospital de sus pacientes armenios, Azmi ordenó que miles de mujeres y niños armenios (quedaban muy pocos hombres vivos en ese punto) fueran detenidos y llevados a los muelles.

Una vez que estas personas inocentes fueron llevadas a las costas, se les indicó que estaban siendo deportadas a otra ciudad al otro lado del mar Negro. Pensando que ser deportados de un área infernal a otra no podía ser peor que quedarse en Trebisonda, la gente subió a bordo de los barcos y esperó mientras los llevaban a las heladas aguas invernales del mar Negro. Pero nunca verían el otro lado. Cuando estuvieron a cierta distancia del mar, los barcos se detuvieron y sus tripulaciones comenzaron a apoderarse de las mujeres y los niños. Sus gritos resonaron a través del agua helada, enfriando los huesos de todos los que observaron con temor desde la orilla, mientras los arrojaban al mar. Sus gritos se convirtieron en jadeos y luego en balbuceos y tos cuando el mar helado comenzó a abrumarlos. Algunos de los más fuertes intentaron nadar y arañaron los costados de los grandes barcos gritando por ayuda o piedad, arrancándose las uñas tratando de regresar a los barcos. Pero la tripulación se burló, tomó a los niños y los arrojó por la borda. Algunas de las mujeres desesperadas deben haber tratado de salvar a esos niños; otros, ahogándose, entrando en pánico, deben haber capturado a sus compañeros armenios y arrastrarlos en su terror moribundo. El agua fría rápidamente paralizó a muchos de ellos. Sus lamentos llegaron a su punto culminante cuando las tripulaciones los arrojaron al agua y comenzaron a navegar de regreso, dejándolos revoloteando y tambaleándose sin esperanza de llegar a la orilla. Pero a medida que se ahogaban por miles, los espeluznantes gritos que resonaban en las olas del mar Negro disminuyeron. Finalmente, el último grupo de brazos que se agitaban sobre el agua se quedó quieto, y la última mujer desesperada se vio abrumada por las olas. El silencio cayó y fue infinitamente peor que los gritos.

* * * *

Si bien muchos de los que presenciaron las atrocidades en Trebisonda simplemente permanecieron en silencio, cómplices del genocidio por su falta de voluntad para hablar en su contra— o tal vez aterrorizados por el temor de que algo similar les sucediera— estos eventos son conocidos en la historia debido a un valiente grupo de ciudadanos otomanos que fueron lo suficientemente valientes como para testificar contra quienes perpetraron estos crímenes indescriptibles. Entre ellos había médicos en el hospital que tenían que mirar con disgusto cómo sus colegas mataban a niños inocentes, embajadores extranjeros e incluso miembros del gobierno que no pudieron detener el asesinato, pero que más tarde aparecerían en la corte para contar los escalofriantes hechos que habían sucedido. La mayoría de estos testificarían años después del final de la Primera Guerra Mundial. Pero un pequeño grupo de personas estaba alimentando información constantemente a los británicos, contándoles sobre los planes de los otomanos, sobre el asesinato de los armenios y otros grupos minoritarios. Y Eitan Belkind estaba entre ellos.

La verdad es que, aunque casi todos pensaban que era simplemente un agrónomo inofensivo que buscaba salvar los cultivos otomanos de las langostas devastadoras, nada podría estar más lejos de la realidad. Eitan siempre había tenido fuego dentro de él, un deseo de observar que se hiciera justicia por sus compañeros judíos y otras minorías. Y ese deseo hizo que cofundara, junto con su amigo Aaron Aaronsohn, una organización secreta conocida como NILI.

NILI era el acrónimo de "Netzah Yisrael Lo Yeshaker", hebreo para "El Eterno de Israel no Mentirá", y era un grupo de espías judíos que trabajó para los británicos en un intento por derribar el Imperio otomano. Israel, la patria del pueblo judío, había estado bajo el dominio otomano durante cuatrocientos años; ahora, los judíos muy oprimidos estaban siendo deportados de su antigua patria al igual que los armenios, y Aaron y Eitan estaban decididos a detenerlo. La forma más sencilla de hacerlo sería lograr que los británicos con base en Egipto invadieran el Imperio otomano y liberaran a Israel. Durante años, Aaron, Eitan y sus compañeros espías NILI habían estado viajando a través del imperio con el pretexto de ser agrónomos del gobierno, reuniendo información para ayudar a los enemigos de los otomanos.

Fue una paloma mensajera que finalmente derribó a NILI a fines de 1917, más de un año después de los ahogamientos masivos en Trebisonda. Aterrizó en el techo equivocado, y el gobernador turco que vivía en la casa pudo descifrar el código en el mensaje cifrado que llevaba. Los miembros del NILI fueron detenidos, encarcelados y condenados a muerte. Pero mientras perecían en la cárcel, en diciembre de 1917, los británicos utilizaron la información que NILI había proporcionado para invadir Palestina y recuperar Jerusalén, liberándola de cuatro siglos de dominio otomano. En cuanto a Eitan, él y algunos de sus compañeros miembros de NILI lograron escapar de la cárcel cuando los turcos huyeron de los británicos mientras avanzaban. El testimonio de Eitan sobre los armenios se convirtió en una parte clave para permitir que el mundo supiera lo que realmente había sucedido y para encontrar justicia para los perpetradores. Con su trabajo hecho, Eitan pudo vivir su vida como un agrónomo pacífico (esta vez de verdad), y murió en 1979 después de haber vivido una vida larga y plena.

Pero cuando los británicos tomaron Palestina, era, por supuesto, demasiado tarde para los armenios. A principios de 1916, todavía estaban siendo masacrados por miles. Y pasaría mucho tiempo antes de que su sufrimiento finalmente llegara a su fin.

Capítulo 10 – Niños Secuestrados

Cuantos más hombres y mujeres armenios asesinaron, mayor fue el problema para el Imperio Otomano: qué hacer con los huérfanos que quedaban.

Azmi, por supuesto, tenía su propia forma de tratar con los niños— inyectarles bacterias **mortales o darles una sobredosis de opioides, quemarlos y arrojarlos al mar Negro. Sin** embargo, ninguna de esas formas fue realmente provechosa. Todo el saqueo armenio ya había sido tomado cuando los huérfanos aterrorizados e indefensos fueron asesinados por miles. Azmi quería más que solo la muerte; él también buscaba dinero y placer, y al igual que otros autores del genocidio, los encontraría en las olas de huérfanos que llegaron a Trebisonda.

Quizás una de las mayores atrocidades que cometió Azmi fue utilizar a los huérfanos como esclavos sexuales— a menudo diez o más a la vez—y posteriormente asesinarlos. Es probable que su hijo hiciera lo mismo cuando Azmi eligió a trece de las jóvenes armenias más bonitas y se las regaló al joven. Trágicamente, esto no era inusual, y los huérfanos no eran los únicos objetivos. Mujeres y niños armenios fueron robados de sus propias familias y vendidos como esclavos sexuales; las niñas fueron violadas y luego obligadas a unirse a los harenes de importantes y crueles hombres turcos.

Sin embargo, no todos los secuestrados se verían obligados a la esclavitud sexual. A algunos se les quitaría un elemento central diferente: la fe que ellos y sus familias habían practicado durante generaciones.

Vendidas o secuestradas en familias musulmanas, las mujeres y niños armenios serían despojados de todo lo que su raza había representado desde la antigüedad. Se les prohibió hablar su propio idioma o adorar de acuerdo con sus propias creencias; en cambio, fueron retenidos mientras los tatuajes islámicos fueron impregnados a sus cuerpos. Para muchos de ellos, que habían sido criados en una religión completamente diferente, la experiencia debe haber sido similar a la violación— la violación de su propia alma. Forzados a guardar silencio y amenazados de muerte, fueron obligados a practicar una fe en la que no creían. Aún peor, debieron haber sido tratados con dureza, a pesar de que habían sido "convertidos" a la fuerza. Eran poco más que esclavas en estos hogares musulmanes, y a las mujeres armenias que se habían casado con hombres turcos se les prohibía adquirir propiedades.

Sin embargo, no todos los matrimonios armenio-turcos fueron penas y odios. De hecho, muchos turcos estaban decididos a salvar a tantas mujeres armenias como pudieran al casarse con ellas, lo que las convertiría en un límite para los merodeadores soldados otomanos. Eitan Belkind escribió sobre un hombre turco que se había casado con cinco esposas armenias para salvarlas del genocidio.

Algunas familias armenias estaban tan desesperadas, enfrentadas a la deportación y / o ejecución brutal, que voluntariamente entregaron a sus hijos a sus amigos o vecinos musulmanes— asumiendo que les quedaba alguien que no quería matarlos. Aunque sabían que sus hijos serían criados como seguidores del islam, al menos no serían exiliados y / o asesinados. Ya sea que hayan sido secuestrados o abandonados voluntariamente, muchos de estos niños fueron maltratados, utilizados simplemente para su trabajo y con muchas de las niñas puestas en harenes. Se vieron obligados a abandonar su fe y el idioma en el que habían nacido, y la identidad nacional a la que los armenios se habían aferrado durante tantos años se borró en silencio. Su propia cultura estaba en peligro de aniquilación.

Después del genocidio, las misiones de rescate revelarían las atrocidades que estas mujeres y niños esclavizados tuvieron que soportar a manos de sus crueles amos. Algunos hombres tenían un gran número de esclavas sexuales a sus órdenes; un registro indica que un hombre musulmán "poseyó" a doce niñas armenias menores de edad. Sus rescatadores solo pudieron recuperarlos comprándolos, como si fueran ovejas o vacas.

Sin embargo, los niños, las mujeres y las vidas no fueron lo único que los turcos les estaban quitando a sus vecinos armenios. Los armenios también tenían riquezas y propiedades— y muchos turcos codiciosos estaban decididos a conseguirlos.

* * * *

Ahmed Riza no podía creer lo que escuchaba.

Un hombre extremadamente atractivo de aproximadamente sesenta años, Ahmed Riza era un hombre de muchos talentos. Científico, matemático y político competente, se unió a la Revolución Joven Turca y se convirtió en uno de los miembros más destacados de la CUP. En el momento de la Primera Guerra Mundial, el Presidente del Senado era solo uno de sus muchos títulos, y estaba íntimamente involucrado en el funcionamiento del Parlamento.

Ahmed Riza había observado muchos problemas en su tiempo. Había sido testigo de las masacres armenias en los años anteriores, e incluso ahora, estaba al tanto de las deportaciones que ocurrían en todo el imperio. Sin embargo, a diferencia de la mayoría de los representantes del Parlamento, Ahmed Riza no se sentía cómodo con la deportación de los armenios. Y ahora no podía creer lo que argumentaba el Comité Central de la CUP.

Cuando los armenios fueron deportados por primera vez, les habían otorgado diez días para llevar a cabo un ultimátum impuesto por el gobierno otomano— un ultimátum que incluso puede haber traído un destello de esperanza a las víctimas de las deportaciones. Se les indicó que cerraran sus casas y negocios exactamente como estaban, sin tomar nada y ciertamente sin vender nada; todo su dinero debía depositarse en el banco bajo el nombre de amigos o familiares del extranjero, y debían dejar atrás todas sus posesiones. Ganado y construcciones, campos y cultivos, equipos y maquinaria, muebles y electrodomésticos, tazas, platos y tenedores, camas, almohadas y mascotas, —todo debía dejarse tal como estaba. El gobierno otomano aseguró a los armenios que esto sería para que todo pudiera conservarse exactamente como estaba para su eventual regreso a sus hogares una vez que terminara la guerra. Quizás los armenios sintieron un alivio de esperanza y consuelo ante la idea de dejar todo como estaba. Tal vez creían que regresarían a las vidas que habían construido para sí mismos en el imperio que no los aceptaba.

O tal vez ya sospechaban. Quizás ya sabían lo que se avecinaba.

Para septiembre de 1915, un gran número de armenios habían sido asesinados o exiliados, y las ciudades y pueblos estaban repletos de tiendas y casas cuyas ventanas vacías miraban a la calle como los ojos muertos de sus antiguos dueños abandonados en el desierto. La gran cantidad de propiedad y capital que se había quedado atrás era simplemente abrumadora, y el gobierno otomano, ahora sabiendo que esos armenios nunca volverían, logró implementar un esquema que pudo haber estado en juego desde el principio, un esquema para brindar la considerable riqueza de los armenios a los nuevos propietarios musulmanes. Esto puede haber sido parte de la motivación para el Genocidio Armenio desde el principio, y llegó a su temible objetivo cuando la CUP aprobó la Ley Temporal de Expropiación y Confiscación. Esta ley era mejor conocida por su eufemismo perverso, la ley de "Propiedades Abandonadas". Su decreto fue simple y atroz: todas las propiedades de armenios muertos o deportados serían confiscadas inmediatamente y se convertirían en propiedad del gobierno otomano.

Ahmed Riza estaba completamente horrorizado. Sabía que nombrarla como Ley de Propiedades Abandonadas era simplemente inexacta. Estas propiedades no habían sido abandonadas, argumentó; los habían dejado atrás cuando sus dueños fueron expulsados por la fuerza de sus hogares y negocios y obligados a caminar cientos de millas a través del desierto para morir. A pesar de la controversia que indudablemente rodearía su apoyo a los odiados armenios, Ahmed Riza fue firme en su oposición a la ley.

"¡[Los armenios] fueron expulsados por la fuerza, obligatoriamente de sus domicilios y exiliados!" Protestó. "Ahora el gobierno a través de sus esfuerzos está vendiendo sus propiedades... ¡Esto es atroz! ¿Tomarme del brazo, expulsarme de mi pueblo y luego vender mis bienes y propiedades? Tal cosa nunca puede ser permisible. Ni la conciencia de los otomanos ni la ley pueden permitirlo".

El firme argumento de Ahmed Riza estaba correctamente justificado. Recurrió a artículos de la constitución para demostrar por qué era ilegal que se aprobara la Ley de Propiedades Abandonadas, pero fue en vano. El único campeón parlamentario de las víctimas del genocidio había sobreestimado enormemente tanto la conciencia otomana como la voluntad de la CUP de adherirse a la ley. La Ley de Propiedades Abandonadas fue aprobada, y todos los bienes armenios fueron incautados inmediatamente por el gobierno.

Algunas de estas propiedades armenias fueron vendidas a los turcos musulmanes, a menudo a una reducida fracción de su valor. Otros fueron expropiados para la guerra y vertidos en el esfuerzo de los Poderes Centrales de fracasar lentamente para enfrentarse a los Aliados. De cualquier manera, nunca serían devueltos a los armenios que todavía estaban vivos. Los turcos hicieron su mejor esfuerzo para borrar todo rastro de la cultura armenia de sus pueblos y aldeas, haciendo sentir que la gente no solo había sido destruida sino también olvidada.

Así como los crueles guardias habían despojado a los cadáveres armenios de sus ropas y habían dejado a los hombres, mujeres y niños muertos desnudos en las dunas y las cunetas durante la marcha de la muerte, el gobierno armenio ahora había arrancado todo lo que poseían los armenios. Y hasta el día de hoy, esa propiedad no ha sido devuelta a las familias de sus legítimos propietarios. El vicepresidente de Turquía vive en una mansión que perteneció a un rico armenio, Ohannes Kasabian. Kasabian tenía el dinero para huir del genocidio y sobrevivir a su ira, pero a su regreso, descubrió que la casa señorial donde había vivido en una prosperidad tranquila había sido confiscada. Nunca volvería a vivir en su propia casa. Y hasta 2018, los líderes de Turquía la habían convertido en su residencia oficial. Su equivalente de la Casa Blanca fue construido en terreno robado. Y después del genocidio, la nación turca fue reconstruida después de la Primera Guerra Mundial en las tierras de los armenios que había aniquilado.

* * * *

Hasta el día de hoy, las reparaciones por el genocidio no se han realizado en gran medida a los descendientes de los armenios que sobrevivieron. La propiedad confiscada por el gobierno turco— cuyo valor actual sería de más de trescientos mil millones de dólares estadounidenses— ha quedado en manos de quienes la tomaron, y los armenios tuvieron que comenzar de cero, a pesar de que una vez se reconciliaron, una gran proporción de la clase media otomana. De alguna manera, la justicia todavía no ha sido ejecutada.

Tras años de asesinatos implacables, los armenios comenzarían a ver la luz al final del túnel. La destrucción de su gente fue parte de la agonía de un imperio que estaba a punto de ser destruido. El alivio estaba llegando, pero para millones de armenios, ese alivio llegaría demasiado tarde.

Capítulo 11 – Justicia

El otoño había llegado delicadamente a la isla griega de Lemnos. El almirante Arthur Gough-Calthorpe, de pie en la cubierta del buque de guerra británico *Agamenón*, no pudo evitar admirar el profundo tinte azul del agua en el puerto de Mudros. El sol templado de octubre todavía era mucho más cálido de lo que estaba acostumbrado en Inglaterra, pero sabía que en verano el sol ardía intensamente para lo cual los británicos de piel pálida no estaban preparados.

Era el 30 de octubre de 1918, y Calthorpe no pudo evitar recordar tres años antes cuando cientos de miles de soldados británicos estaban a punto de entrar en un amargo invierno en la rocosa península de Gallipoli, Grecia. Habían usado a Lemnos como escenario de la invasión de Gallipoli, llenos de esperanza de que tomar el estrecho de los Dardanelos les permitiría a las tropas británicas, francesas y australianas reunirse con sus aliados rusos en el mar Negro, cortando Turquía a la mitad y permitiendo los aliados para destruir la resistencia otomana. Sin embargo, Gallipoli había demostrado ser una de las líneas de frente más duras de toda la guerra— y una de las derrotas más humillantes sufridas por los británicos durante la Primera Guerra Mundial.

Winston Churchill había sido solo un Lord Almirante hasta entonces, y Gallipoli se hizo conocido como uno de sus mayores errores. Calthorpe no podría haber sabido que Churchill algún día se convertiría en el primer ministro que condujo a Gran Bretaña a través de una guerra aún mayor en la que Calthorpe estaba luchando en este momento; en 1918, una guerra más extensa que la llamada Gran Guerra era prácticamente incomprensible. Sin embargo, Calthorpe podía sentir la sensación de alivio que comenzaba a extenderse por todo el mundo por primera vez en cuatro años de devastadora guerra. La guerra estaba terminando y los Aliados estaban ganando.

Por eso Calthorpe había elegido anclar el *Agamenón* en las aguas de Lemnos. Era una especie de simbolismo mostrar a los turcos lo lejos que habían llegado los británicos desde el desastre que había sido Gallipoli en 1915. Plagado de calor, moscas, disentería, un terreno difícil y las condiciones terriblemente antihigiénicas, casi un cuarto de millón de aliados soldados se había convertido en víctimas del frente de Gallipoli. Se habían llevado la misma cantidad de turcos, pero los británicos no tuvieron más remedio que evacuar en enero de 1916. Sin embargo, ese no había sido el final de la invasión británica de los dominios del Imperio Otomano. Abriendo camino a través del Medio Oriente— ayudados por Eitan Belkind y otros miembros de NILI— los británicos habían reclamado muchos de los territorios árabes del imperio. Para el 30 de octubre de 1918, el alguna vez poderoso Imperio otomano se había puesto de rodillas. No se puede evitar especular sobre cómo las cosas podrían haber sido diferentes para el imperio si hubiera concentrado más de su dinero y mano de obra en pelear la guerra con sus enemigos en lugar de matar a sus inocentes.

Ahora, el Almirante Arthur Calthorpe estaba a solo unos minutos de firmar el Armisticio de Mudros con el Ministro de Marina turco Rauf Orbay. Había tomado el lugar de Djemal Pasha como ministro cuando Djemal huyó a Alemania, sabiendo que había cometido más crímenes que simplemente luchar contra sus enemigos en la guerra. Era culpable de mucho más que eso.

Fue culpable de genocidio. Y sería condenado por ello.
* * * *

Menos de dos semanas después de la firma del Armisticio de Mudros, que reconoció la derrota otomana y su rendición al Imperio británico, Alemania también firmó un armisticio con los Aliados el 11 de noviembre de 1918. Se convocó un alto al fuego y el inquietante desastre que había sido la Primera Guerra Mundial finalmente se detuvo.

Las consecuencias fueron casi impensables, sobre todo dentro del Imperio otomano. Cuando los Aliados comenzaron a moverse por el imperio, se horrorizaron al saber que los informes de lo que se les estaba haciendo a los armenios habían sido ciertos. El armisticio de Mudros había obligado a los otomanos a entregar a los aliados a todos los prisioneros armenios sobrevivientes; las historias que contaron fueron escalofriantes, y el hecho de que hubiera tan pocos de ellos fue aún más devastador. Antes de la Primera Guerra Mundial, dos millones de armenios habían establecido sus hogares en el Imperio otomano. Al final, cuando el genocidio finalmente cesó, solo quedaban aproximadamente 400.000. Alrededor de un millón y medio de armenios habían muerto.

Claramente, algo tendría que hacerse. Las personas que habían cometido estos crímenes atroces serían llevadas ante la justicia, por lo que se inició una serie de juicios para encontrar y castigar a los responsables del genocidio.

Los aliados habían ordenado al sultán Mehmed VI, quien (para su sorpresa) aún estaba en el trono, organizar cortes marciales para los principales miembros de la CUP. Serían juzgados por participar en la Primera Guerra Mundial del lado de las potencias centrales, pero también por crímenes contra la humanidad cometidos en forma de Genocidio Armenio. Por supuesto, las tres personas que los Aliados realmente buscaban no estaban en el Imperio otomano en ese momento. Los Tres Pashas habían huido a Alemania antes de que terminara la guerra, abandonando el imperio que habían profanado.

Mientras que algunos de los juicios se llevaron a cabo en Trebisonda— la ciudad que había presenciado los atroces ahogamientos masivos en el mar Negro, otros se llevaron a cabo en

Constantinopla. El hecho de que los Tres Pashas no estuvieran presentes para ser juzgados no fue suficiente para evitar que los Aliados lo intentaran. Fueron juzgados en ausencia en Constantinopla en julio de 1919.

En ese momento, después de años de crisis y guerra, los otomanos eran un pueblo devastado y de espíritu roto. El resto del mundo estaba horrorizado por las atrocidades que habían cometido los otomanos, y finalmente, la mayor población turca del imperio se enfrentó a la sangre que estaba en sus manos. Y aunque fueron principalmente los soldados los que asesinaron, también participó un número verdaderamente trágico de civiles. Habían formado grupos para expulsar a los armenios de sus hogares, y los elementos más criminales se habían dedicado a matar, violar y saquear. Los turcos habían adoptado niños cuyos padres habían sido asesinados; habían comprado esclavas sexuales que eran un subproducto lucrativo del genocidio. E incluso aquellos que no habían estado directamente involucrados en el genocidio vivían en casas armenias y administraban negocios tomados de manos de hombres y mujeres muertos. Y ahora que todo había terminado, los turcos se percataron repentina y terriblemente de lo que su gente había hecho.

Una punzada de culpa colectiva inundó toda la nación, llenando los corazones y las mentes del pueblo turco. Si bien las secuelas del genocidio no podían calificarse exactamente de luto, era indudablemente cierto que los turcos se percataron de lo terrible que había sido realmente el trato a los armenios. Parte de esta culpa incluso llegó al gobierno. Impulsado por la administración Aliada que vigilaba de cerca los procedimientos, el tribunal trató sin piedad los casos de los Tres Pashas. Los tres fueron condenados a muerte, la CUP fue disuelta y el estado confiscó las propiedades de sus miembros. De hecho, estos juicios fueron la primera vez que se introdujo el concepto de un crimen contra la humanidad.

Lamentablemente, cuando el año 1919 se convirtió en 1920, se hizo evidente que el empeño temprano de la corte turca estaba empezando a perder su fervor. El sultán Mehmed VI estaba demasiado nervioso para enjuiciar a los poderosos jóvenes turcos; habían ejercido un reino de miseria sobre él y sobre la gente, y donde un fuerte sultán podría haber llevado al Imperio otomano a la luz del día, su gobernante les falló al encogerse de miedo, temiendo una revolución. Más de 130 funcionarios gubernamentales de alto rango habían sido arrestados por los juicios y, sin embargo, la sentencia no se estaba llevando a cabo como se suponía. Los británicos intervinieron cuando poco se había logrado en mayo de 1920 y trasladaron los procedimientos al terreno más neutral de Malta, donde se esperaba que los Aliados entregaran justicia rápida a los culpables. Pero no sería así. Los tribunales turcos, posiblemente a propósito, habían confundido el caso y falsificado los documentos necesarios para que los juicios no lograran proceder. Solo un grupo de la gran cantidad de administradores culpables fueron condenados, y nunca se haría ninguna indemnización al pueblo armenio de quien todo había sido tomado, a pesar de que originalmente los Aliados habían intentado forzar al Imperio otomano a darle independencia a Armenia.

La revolución que había paralizado la resolución de Mehmed tuvo lugar después de todo. En 1921, mientras los tribunales de Malta avanzaban a través de un estancamiento de burocracia y leyes desorganizadas, Mustafa Kemal Atatürk convirtió su revolución nacionalista de lento crecimiento en una amenaza directa para los británicos. Tomó como rehén a un grupo de británicos y exigió que liberaran a los presos políticos encarcelados en los tribunales. Winston Churchill, en ese momento el secretario de guerra, tenía mayores problemas en sus manos que el desastre del Imperio otomano. Liberó a los prisioneros y dejó el Imperio otomano a merced de Atatürk. Atatürk no tenía nada. Buscando apoyo en la Rusia Soviética, lanzó una violenta lucha militar contra el liderazgo del imperio, buscando su propio poder. Los armenios que quedaron— algunos de los cuales no habían sido deportados durante el genocidio— se armaron e intentaron enfrentarse a él. Fueron derrotados y masacrados en lo que se conoció como la Guerra turco-armenia de 1920, agregando miles más a la cifra de muertos.

Cuando los británicos se retiraron del Imperio otomano, Atatürk retomó justo donde lo dejaron los Tres Pashas. Atatürk fue elegido presidente de la nueva República de Turquía —el Imperio otomano, para entonces, se había disuelto— y comenzó a deportar nuevamente a más armenios. Sin embargo, esta vez, no hubo una verdadera motivación religiosa detrás de sus deportaciones. Atatürk transformó a Turquía en un país secular, cerró las escuelas y organizaciones islámicas y convirtió a la nueva república en algo mucho más moderno que el cadáver del Imperio otomano del que surgió.

En cuanto a los armenios, continuarían sufriendo hasta 1923. Para entonces, apenas quedaba ninguno para matar, y el genocidio disminuyó cuando la República de Turquía comenzó a establecerse.

A raíz del genocidio, los armenios comenzaron a encontrar su rumbo una vez más, tratando de reconstruir sus vidas incluso después de que todo lo que una vez tuvieron les fue arrebatado. Y lo que más ansiaban de vuelta puede haber sido sus hijos. Los niños que habían sido secuestrados y adoptados en hogares musulmanes todavía estaban allí, algunos de ellos casi habían olvidado su identidad armenia (después de todo, habían pasado ocho años desde que comenzó el asesinato). Pero otros fueron retenidos en contra de su voluntad, queriendo regresar a sus hogares y familias.

Solo unos pocos cientos de miles de armenios permanecieron en Turquía; la mayoría de ellos habían huido a otros países y formaron comunidades de la diáspora ahí, donde, a pesar del sufrimiento que habían sufrido a causa de ello, continuaron practicando sus costumbres y viviendo en su cultura. Su identidad nacional no había sido arrebatada por el genocidio.

Solo se había fortalecido.

Capítulo 12 – Operación Némesis

Ilustración IV: Armin T. Wegner en 1916

Había pasado mucho tiempo desde que los armenios realmente habían tenido un héroe. Ali Bey, protegiendo a miles de refugiados en Siria, se había acercado; también lo hicieron Eitan Belkind, que proporcionó información a los Aliados, y Armin T. Wegner, que ayudó a documentar las atrocidades. Pero los próximos héroes que se levantarían después del genocidio impensable no eran árabes, judíos ni alemanes. Eran armenios y buscaban justicia después de presenciar la profanación despiadada de su pueblo.

Uno de ellos fue Ruben Heryan. Después de haber emigrado a Estados Unidos cuando era joven, Rubén podría haber hecho lo que miles de armenios estadounidenses y otros extranjeros hicieron sobre el genocidio— sentarse y sacudir la cabeza sombríamente ante los espeluznantes artículos en el *New York Times* o tal vez donar un poco dinero extra para los "pobres niños hambrientos en Armenia". Rubén era pudiente, respetado y reconocido en la comunidad; no había forma de que el genocidio de su pueblo pudiera haberle causado un peligro directo donde vivía en Nueva York. Pero no podía verlos morir. En 1918, mientras la guerra todavía estaba en su apogeo, había reunido a un grupo de voluntarios para unirse a la Legión Armenia, una legión dentro del ejército francés, y se dirigió al corazón del Imperio otomano. Su misión era simple: rescatar.

Resultó no ser tan simple como Ruben había esperado. 1918 fue un año frustrante para él. Ya tenía más de cincuenta años, y aunque su actitud alegre y positiva le habían valido el sobrenombre de "el joven de cabello gris", ya no era capaz de luchar en el frente. Mientras que sus compañeros voluntarios más jóvenes fueron enviados al frente, Rubén estaba atrapado en El Cairo, vigilando un hospital. Quizás fue en el hospital donde encontró su verdadera pasión, servir y salvar a los indefensos. Su corazón se volvió hacia aquellos armenios que habían sido secuestrados en familias que no conocían y obligados a ser alguien que no eran. Pensó en las mujeres y los niños que habían sido secuestrados o vendidos en hogares musulmanes, y estaba decidido a recuperarlos.

Una vez que los Tres Pashas huyeron del imperio, Rubén pudo lanzar su misión de rescate de manera definitiva. Viajando a lo largo y ancho del imperio desde Deir ez-Zor hasta Constantinopla, comenzó a recaudar fondos para salvar a los armenios secuestrados. Su sincero relato de la generosidad de su propio pueblo evoca piedad y respeto; mientras que los armenios ricos que habían escapado del genocidio pudieron hacer donaciones considerables, parte del dinero que Rubén logró recaudar provino de víctimas del genocidio sin dinero. Todavía estaban saliendo de los campos de concentración, plagados de piojos, enfermos, esqueléticos y con solo un par de monedas a su nombre. Pero cuando se enteraron de que las mujeres y los niños estaban retenidos por los musulmanes, sintieron que la situación de estos desconocidos era peor y, por lo tanto, otorgaron sus últimos restos de dinero a Rubén y su equipo.

Cada centavo que podían recolectar se necesitaba desesperadamente. Los musulmanes no abandonarían fácilmente a sus cautivos armenios; escondieron sus identidades o las pasaron de contrabando a lugares secretos, haciendo que las búsquedas fueran casi imposibles en muchos casos. Rubén pasó meses, a veces años, buscando mujeres o niños específicos. Una vez que fueron encontrados, casi la única forma de recuperarlos era comprarlos. Toda la operación fue costosa en términos de finanzas, pero fue aún más costosa en términos emocionales. Rubén describió rotundamente cómo algunos de los cautivos que descubrió parecían haber olvidado quiénes eran realmente. Mujeres adultas, que ya no podían hablar armenio, habían borrado las huellas de su origen étnico en un intento por sobrevivir. Los niños que no podían recordar a sus verdaderos padres se aferraron a sus adoptantes musulmanes. Había esclavas sexuales que estaban demasiado asustadas para hablar por sí mismas o abrirse a sus rescatadores. El síndrome de Estocolmo habría sido inevitablemente una parte trágica de la misión de Rubén.

El genocidio terminaría en unos pocos años, pero de muchas maneras, prevaleció para siempre en las mentes de aquellos a quienes había afectado tan cruelmente. Komitas fue uno de ellos. Aunque había regresado a Constantinopla y no tuvo que sufrir los horrores de los campos de concentración en Deir ez-Zor, nunca se recuperaría del trastorno de estrés postraumático que le habían provocado las marchas de deportación y muerte. Fue trasladado de un hospital psiquiátrico a otro por el resto de su vida hasta que murió en 1935.

* * * *

Ruben Heryan fue uno de los primeros héroes del Genocidio Armenio. Trabajó incansablemente para encontrar, salvar y proteger a los armenios cautivos en lo que se conoció como la Misión de Liberación, otorgándoles la oportunidad de crecer como habían nacido: armenios. Los liberó de las garras a menudo crueles y opresivas de quienes los habían comprado o secuestrado, y les brindó la oportunidad de vivir una vida nueva y diferente en sus propios términos.

Sin embargo, otros héroes armenios no serían tan gentiles o devotos como lo fue Rubén. Su misión no sería el rescate. Sería justicia, y si el resto del mundo no iba a cumplir las penas de muerte de los Tres Pashas, entonces un grupo de armenios decidió que tendría que ser su deber.

La Federación Revolucionaria Armenia, que había prometido su alianza con la CUP cuando se formó por primera vez, había sido totalmente pateada en los dientes por su intento de reparar las barreras con los turcos en 1908 antes de la Revolución Joven Turca. Muchos de sus miembros habían estado entre esos intelectuales arrestados el 24 de abril de 1915, la víspera del genocidio. Otros habían escapado y sobrevivido, sin embargo, el ARF había sido responsable de la resistencia que había provocado la guerra turco-armenia en 1920.

Ahora que las guerras habían terminado, la ARF se centró en ganar justicia después del genocidio. Se decidió que solo había una manera de lograrlo: encontrar y matar a los que habían perpetrado el genocidio. Se realizó una lista negra, de 200 nombres, de los que habían sido los más culpables. Algunos de los más importantes fueron los Tres Pashas y Cemal Azmi, el Carnicero de Trebisonda.

Shahan Natalie era el líder del grupo, que se denominó Operación Némesis. Desde su cuartel general en Watertown, Massachusetts, Némesis comenzó a elaborar un plan para eliminar a los enemigos del pueblo armenio. Y el más importante de todos fue Talaat Pasha. Talaat había estado tan empeñado en destruir a todos los armenios vivos, inocentes o no, que había ordenado a Ali Suad Bey que matara a 30.000 refugiados hambrientos y aterrorizados. Talaat había buscado la muerte de toda la nación, y ahora esa nación también exigió su muerte.

El 15 de marzo de 1921, la sentencia de muerte impuesta a Talaat en 1918 finalmente se llevó a cabo, pero no por un verdugo. En cambio, fue hecho por un joven estudiante de ingeniería, atractivo y de ojos oscuros llamado Soghomon Tehlirian.

Como prácticamente todos los armenios sobrevivientes, Soghomon fue perseguido por los recuerdos de su familia y cómo habían muerto en la crueldad irreflexiva del genocidio. Su madre, en particular, había sido decapitada. Para empeorar las cosas, Soghomon tenía epilepsia, y el miedo a una convulsión en cualquier momento le había dificultado la vida desde el principio. Aun así, quería seguir con su vida. Quería establecerse y casarse con su novia Anihad, a quien amaba más que nada. Sin embargo, el recuerdo de su familia, el conocimiento de que nunca tendrían la vida pacífica que él podría llevar en los Estados Unidos, era intolerable. Tenía que hacer algo. Tenía que *matar*; tenía que quitarle a alguien lo que le habían quitado. Entonces, cuando Shahan Natalie lo miró a los ojos oscuros y turbulentos, supo que estaba mirando a alguien cuyo amor y agonía podrían convertirlos en una fuerza mortal a tener en cuenta.

En 1921, la Operación Némesis llevó a Soghomon a Berlín, donde Talaat Pasha se había estado ocultando durante los tres años transcurridos desde que huyó del Imperio Otomano. Durante meses, profundamente encubierto y compartiendo una habitación con algunos estudiantes, Soghomon estudió a su vecino al otro lado de la calle, Talaat Pasha, el hombre que había asesinado a las tres cuartas partes de la raza armenia. A todas luces, Talaat no era de importancia. Se había dejado crecer la barba y vivía una vida tranquila entre sus dos corpulentos guardaespaldas, y no le agradaba nada más que dar un relajante paseo matutino a las 11:00 de la mañana en el parque.

El paseo fue su error fatal. Armado con una pistola Luger en una mañana de primavera, Soghomon comenzó a seguir tranquilamente a Talaat desde su residencia. Era todo lo que podía hacer para mantener la calma mientras seguía los pasos del hombre que había ordenado la muerte de cientos de miles, del hombre que había matado a su madre. Soghomon no había estado en Armenia durante el genocidio (a pesar de lo que diría más tarde en su juicio), pero tenía un recuerdo particularmente vívido y doloroso de ese período: se había unido al ejército ruso en la liberación de Van de su asedio en 1915, y mientras estaba con el ejército, se encontró con una niña corriendo por el bosque, llorando sin descanso. Cuando Soghomon la alcanzó, se sorprendió al reconocer su rostro pálido y sucio. Era su sobrina, Armenouhi. Ella acababa de presenciar el genocidio.

Fue el recuerdo de la sonrisa de su madre, de los gritos aterrorizados de Armenouhi, lo que impulsó a Soghomon a hacer lo que hizo a continuación. Sacó la pistola del abrigo y gritó una palabra. "¡Talaat!"

Talaat Pasha se volvió, un destello de miedo cruzó su rostro. Soghomon levantó la pistola y le dio a Talaat lo que había negado a miles de armenios que se ahogaron o quemaron durante el genocidio: una muerte instantánea. La sangre brotó del cuello de Talaat y cayó al suelo.

La multitud alrededor de Soghomon inmediatamente comenzó a gritar, los guardaespaldas corrieron hacia él. Cuando Natalie le dio a Soghomon sus órdenes, sus palabras habían sido contundentes: "Haces explotar el cráneo del asesino de la nación Número Uno y no intentes huir", le indicó. "Te paras ahí, con el pie en el cadáver y te rindes a la policía".

Soghomon sabía que un juicio público era parte del plan de la Operación Némesis para llamar la atención sobre el genocidio. Ante la multitud, sin embargo, trató de huir. No llegó lejos. La muchedumbre lo derribó y comenzó a golpearlo, y Soghomon podría no haber salido con vida si la policía alemana no hubiera podido rescatarlo. La policía alemana lo arrestó y lo llevó a la cárcel, y así comenzó uno de los juicios más sensacionales que el mundo había visto hasta ese momento.

Para 1921, a pesar de que el Genocidio Armenio no habría terminado oficialmente hasta aproximadamente 1923, el mundo había dejado de preocuparse por los armenios y había comenzado a preocuparse por las secuelas de la guerra mundial en general. La brutal guerra de trincheras tuvo un efecto devastador en la psique global, y el conflicto cambió a todo el mundo. Los armenios habían comenzado a convertirse en el problema del pasado, y la Operación Némesis estaba decidida a cambiarlo. El juicio de Soghomon fue una parte integral de ese plan.

Como Soghomon había cometido el crimen en Berlín, se consideró un asunto alemán, por lo que fue juzgado en un tribunal alemán. Esto resultó funcionar a favor de Soghomon. Alemania comenzaba a sentir la culpa de estar asociada con el Imperio Otomano y no hacer nada para detener el genocidio, y el testimonio de Soghomon de lo que se había hecho a los armenios no solo captó la atención del mundo, sino que también conmovió profundamente los corazones de los miembros del jurado. Fiel al objetivo de la Operación Némesis de reconocer el genocidio, el testimonio de Soghomon fue significativamente realzado, especialmente considerando que en realidad no había sido testigo de la muerte de su familia, pero podría haber sido fácilmente la historia de cualquier joven armenio que hubiera sufrido en las manos de los turcos.

Soghomon también contó cómo había sufrido numerosas crisis nerviosas después de las masacres, algo que bien podría haber sido cierto y algo que su abogado defensor rápidamente notó. El momento más llamativo del juicio llegó cuando el juez recurrió a Soghomon— que estaba en el estrado— justo después de leer la acusación y le pidió su respuesta. Soghomon respondió que su respuesta fue negativa.

"Pero, antes de este juicio, usted pensaba de manera diferente", dijo el juez. "Admitió que había premeditado el acto".

Su abogado defensor solicitó que el juez dirigiera su próxima pregunta a Soghomon. "¿Por qué se considera inocente?". "Porque mi conciencia está limpia", afirmó.

"¿Por qué está limpia su conciencia?" preguntó el juez.

"Porque he matado a un hombre". Soghomon enderezó los hombros. "Pero yo no soy un asesino".

Después de solo dos días de juicio, el jurado votó a favor con la declaración de Soghomon. Armin T. Wegner fue uno de los testigos que testificó sobre las atrocidades del genocidio, y su testimonio fue una parte clave de la eventual absolución de Soghomon. A pesar de los abundantes testigos presenciales y la evidencia de que Soghomon había decidido dispararle a Talaat Pasha con intención premeditada, fue absuelto de todos los crímenes y se le dejó en libertad; incluso le devolvieron su pistola. Oficialmente, había sido absuelto debido a una declaración de locura temporal. Pero el mundo entero tuvo la sensación de que el jurado estuvo de acuerdo con Soghomon en que se había hecho justicia. En palabras de un titular del *New York Times*, "Tenían que dejarlo ir".

Capítulo 13 – Negación

Talaat Pasha no fue la única víctima de la Operación Némesis. La operación se comprometió a limpiar el mundo de la mancha de quienes habían perpetrado el genocidio, de la misma manera que esos perpetradores habían "limpiado" el imperio de un millón y medio de almas, y el grupo cumplió su promesa.

Berlín fue escenario de otro par de asesinatos macabros. Una de las víctimas fue el líder de la Organización Especial y fundador de la CUP, Behaeddin Shakir; el otro era Djemal Azmi, el hombre que había asesinado a miles en Trebisonda. En Tbilisi, Cemal Pasha— el segundo de los Tres Pashas, quien había supervisado las marchas de la muerte— también fue asesinado. Con dos de los Tres Pashas muertos, a la Operación Némesis solo le quedaba uno con el cual lidiar: Enver Pasha, el ex ministro de guerra fanáticamente guerrero. Pero resultó que cuando se trataba de asesinar a Enver, Némesis tenía que colocarse en la fila. Compañeros armenios, empleados por la Cheka soviética (policía secreta), los golpearon. Y así, a pesar del hecho de que ninguno de ellos se enfrentaría a un verdugo oficial, los tres Pashas finalmente recibieron la sentencia de muerte que merecían.

En total, durante los dos años de su existencia, la Operación Némesis fue responsable del asesinato de siete perpetradores condenados del genocidio y tres traidores armenios que habían llevado a los turcos a las puertas de su propia gente. Turquía, entonces y ahora, consideró a Némesis como una organización terrorista; teniendo en cuenta el dolor que Némesis causó en las familias de los hombres que mató y que les negó a los hombres su oportunidad de redención a los ojos del mundo, Némesis difícilmente puede considerarse como una operación heroica. Sin embargo, hubo una sensación de alivio internacional de que los Tres Pashas finalmente estaban muertos.

Nemesis fue tan efímera como controvertida. En 1922, ante la presión después de que Armenia cayó bajo el control de la Unión Soviética, la Operación Némesis se disolvió. Había logrado su objetivo principal, y su reinado escalofriante sobre la vida de los hombres con sangre en sus manos había dejado a muchos más hombres con sangre en las suyas. Afortunadamente, el círculo de venganza y asesinato prácticamente terminó.

Soghomon, según quienes lo conocieron, no encontró la verdadera paz al matar a Talaat. Sin embargo, sus andanzas implacables llegaron a su fin, y logró establecerse y casarse con la mujer que tanto amaba. Se establecieron en Yugoslavia, donde, muchos años después, Soghomon finalmente arrojó el arma que había matado a Talaat Pasha al río Danubio. Murió como un anciano con nietos, algo que sus decisiones habían negado a Talaat.

* * * *

Cuando se trata del Genocidio Armenio, la negación parece ser el tema principal.

A pesar del horror inicial del mundo por lo que estaba ocurriendo en Armenia, los gobiernos de varios países tardaron en reconocer oficialmente lo que realmente había sucedido, tal vez a la luz del creciente poder de Atatürk. De hecho, ni siquiera había una palabra de lo que la CUP había hecho a la raza armenia. "Masacre" o "asesinato nacional" fueron los términos que se usaron en ese momento, pero "masacre" apenas parecía lo suficientemente fuerte como para abarcar el exterminio de una raza entera, y "asesinato nacional" parecía absurdo. Y así, el mundo tropezó con el terrible peso del elefante manchado de sangre en la habitación en la que se había convertido el genocidio.

Mientras tanto, la "guerra para terminar con todas las guerras" no había traído la paz que el mundo necesitaba tan desesperadamente. En cambio, las tensiones solo aumentaron. En 1939, solo 21 años después del final de la Primera Guerra Mundial, el conflicto volvió a estallar en todo el mundo. Los soldados de todo el mundo serían arrastrados a los diversos teatros de la Segunda Guerra Mundial, desde Japón hasta Sudáfrica, desde Estados Unidos hasta Alemania, desde Australia hasta la siempre creciente Unión Soviética. Y al igual que la Primera Guerra Mundial, esto vería a varios gobernantes despóticos llegar al poder. El más infame entre ellos fue Adolfo Hitler.

Hitler estaba decidido a hacer a Alemania, que había estado agitándose bajo las medidas punitivas impuestas por los Aliados desde el Tratado de Versalles, lo que los Tres Pashas habían intentado hacer al Imperio otomano: depurarlo. Quería borrar todo lo que no le agradaba, y los Pashas bien podrían haber sido sus héroes. Los judíos eran los armenios de Alemania, y Hitler lanzaría, en una escala completamente aterradora, las mismas atrocidades que los Pashas habían cometido.

En este momento, Armenia se había desvanecido de la conciencia del mundo, y el hecho de que Turquía había reconstruido toda su economía en la propiedad que había sido robada de armenios asesinados o deportados se le había permitido escapar en silencio y sin disputa. De hecho, el propio Hitler, mientras se preparaba para iniciar el Holocausto, utilizó el olvido de la conciencia global para disculpar los hechos devastadores que estaba a punto de realizar. "¿Quién recuerda a Armenia?" preguntó, dando a entender que, aunque el genocidio había tenido lugar hace menos de treinta años, ya había sido olvidado por la mayoría del mundo.

Pero no todos lo habían olvidado. Siguiendo los pasos de su compatriota Wegner, un escritor y activista alemán llamado Raphael

Lemkin sería el primero en nombrar los hechos terribles que observó en el mundo que lo rodeaba. Lemkin escribió sobre las cosas que se les habían hecho a los armenios— primero en las cartas ordinarias de las leyes que los habían despojado de sus derechos y luego, brutalmente, en el cruel trato que se les había infligido— y trazó paralelos muy impopulares entre las masacres en Armenia y el Holocausto de los judíos. Era Lemkin quien le otorgaría un nombre a esta atrocidad. Lo llamó "genocidio", y el mundo finalmente tendría un término para definir los terribles asesinatos de una raza entera.

El mismo término "genocidio" resultaría tan controvertido como las opiniones de Lemkin al respecto. En la Alemania nazi, estar vociferantemente en oposición a la Patria y su dictador era incitar el desastre. Armin Wegner no había permitido que el miedo lo silenciara; en 1933, había escrito una carta abierta y furiosa dirigida a Hitler denunciando su trato a los judíos, usando las palabras fuertes, "¡No hay patria sin justicia!"

La Gestapo buscó a Wegner y lo torturó, y el gran activista sufriría junto a esos mismos judíos en esos mismos campos de concentración, presenciando el terrible trato que sufrieron de primera mano antes de ser liberado, antes de que estallara la Segunda Guerra Mundial y huyera del país. Pero a pesar de lo que le había sucedido a Wegner, Lemkin continuaría protestando porque lo que les había sucedido a los armenios estaba incorrecto y lo que les estaba sucediendo a los judíos era aún peor. Con su vida en peligro, Lemkin logró salir de Alemania para trabajar con los estadounidenses en Washington, DC, en 1942. Fue ahí donde escribió su *Dominio del Eje sobre la Europa Ocupada*, y la palabra "genocidio" entró por primera vez en el vocabulario del mundo.

Era una palabra que Lemkin usaría también con resultados adecuados. Trabajó estrechamente en los juicios de Nuremberg, donde escuchó por primera vez que casi cincuenta miembros de su familia inmediata habían sido asesinados en el genocidio por el que estaba procesando a los alemanes (el propio Lemkin era judío). Por supuesto, muchos de los autores más importantes del Holocausto se habían suicidado antes de los juicios. Adolfo Hitler, Heinrich Himmler y Robert Ley estaban entre ellos.

Sin embargo, una vez que terminaron los juicios de Nuremberg, la palabra "genocidio" no se pudo dejar de lado. El mundo comenzó a preguntarse dónde más se había cometido el genocidio, y Armenia fue la más reciente. Los armenios mismos se apresuraron a adoptar el término y exigieron justicia por lo que les habían hecho.

Las Naciones Unidas continuaron en 1948, reconociendo que lo que había sucedido en Armenia era un crimen contra la humanidad, a pesar de que para entonces ya casi no quedaba nadie para enjuiciar— la Operación Némesis se había asegurado de eso. Para 1985, la ONU reconoció oficialmente los eventos en Armenia como un genocidio. Gran parte de esto se debe a la presión de Chipre; había reconocido legalmente el genocidio en 1975, y en la actualidad, negar el genocidio es un delito en Chipre. Sin embargo, el primer país en reconocer el genocidio fue Uruguay, que ha albergado a una población armenia desde principios del siglo XIX.

Uno por uno, los países de todo el mundo han continuado reconociendo el sufrimiento del pueblo armenio. Argentina, Bélgica, Canadá, Francia, Grecia, Líbano y Rusia reconocieron el genocidio en la década de 1990; Chile, Alemania, Italia, Lituania, los Países Bajos, Polonia, Eslovaquia, Suiza, la Santa Sede y Venezuela hicieron lo mismo a principios de la década de 2000. Sin embargo, existen algunas naciones que aún no han hecho que su respeto por el sufrimiento de los armenios sea oficial. Entre ellos están los Estados Unidos (aunque 49 de 50 estados sí reconocen el genocidio) y el Reino Unido. Es probable que ambos países lo hayan hecho por temor a enfurecer a Turquía porque, por supuesto, ningún país es más firme en negar que haya ocurrido el genocidio que Turquía.

Un número simple resume fácilmente la postura de Turquía sobre el genocidio: 300.000. Este es el número de armenios que Turquía reconoce oficialmente como asesinados en el genocidio. Esto supone que alrededor de un millón de armenios simplemente desaparecieron en el aire durante la Primera Guerra Mundial, considerando que alrededor de dos millones de armenios vivieron en el Imperio otomano antes de la guerra, y solo quedaron aproximadamente 400.000. Los historiadores y los estudiosos del genocidio están de acuerdo en todo el mundo en que la cifra que Turquía defiende es extremadamente inexacta.

Otra postura turca sobre el genocidio es que fue justificado por los actos de los armenios durante la Primera Guerra Mundial. Si bien es cierto que los rebeldes armenios traicionaron a los otomanos a Rusia, provocando una revuelta que cobró vidas turcas, es poco probable que los miles de mujeres y niños arrojados por la borda en el mar Negro a las órdenes del Carnicero de Trebisonda estuvieran involucrados de alguna manera con cualquier tipo de rebelión.

Turquía también niega el hecho de que griegos y asirios, que también sufrieron el mismo maltrato cruel que los armenios durante la Primera Guerra Mundial, fueron víctimas del genocidio durante la era otomana. La "turquificación" que los Jóvenes Turcos comenzaron hace más de cien años sigue vigente hasta nuestros días. Los motivos para negar el genocidio probablemente estén enraizados en el temor de que reconocer el genocidio signifique hacer compensaciones a los descendientes de sus víctimas— y considerando que gran parte de la economía turca actual depende de la floreciente clase media, eso podría ser catastrófico para el país. Existían muy pocos turcos de clase media antes del genocidio; gran parte de la clase media actual comenzó como trabajadores serviles que subieron en los estatus sociales debido a la compra de propiedades armenias baratas.

La negación turca del genocidio armenio es tan grave que el simple hecho de mencionar el genocidio en Turquía es un delito. Sin embargo, la presión del resto del mundo para reparar las barreras con Armenia puede estar comenzando a empujar a Turquía hacia el reconocimiento de lo que ha hecho su enorme antepasado, el Imperio otomano. Existe la esperanza de que, algún día, Turquía pueda reconocer sus errores, permitiendo que los turcos y los armenios vivos actualmente sigan adelante.

Capítulo 14 – Luchando por la Libertad

Ilustración V: Torres del monte Ararat sobre la ciudad de Ereván, capital de la actual Armenia

A raíz de la Primera Guerra Mundial, el colapso del Imperio otomano dejó un vacío de poder en los territorios que alguna vez había oprimido, y los armenios finalmente lograron tomar ventaja de ese vacío.

Durante siglos, Armenia pasó de un ambicioso imperio a otro. Roma, Persia, los otomanos— todos habían estado controlando al pequeño país y su gente durante generaciones. Pero al final de la Primera Guerra Mundial se otorgó independencia a las colonias de todo el mundo, y Armenia no fue la excepción. Bajo la presión de los Aliados y enfocándose en reunir a la nueva República de Turquía, Atatürk tuvo que observar cómo se derrumbaban las fronteras del imperio que alguna vez fue importante. Uno de esos fragmentos se estableció formalmente el 28 de mayo de 1918, como la República de Armenia.

Los armenios que habían sobrevivido y se habían quedado en su patria ancestral apenas podían creerlo. Eran finalmente libres. Ya no serían gravados severamente simplemente porque adoraban de manera diferente; ya no enfrentarían masacre tras masacre. Como el genocidio aún continuaba dentro de las fronteras de Turquía, una gran huida de refugiados comenzó a llegar de Turquía a Armenia. Si bien estos refugiados estaban agradecidos de haber encontrado finalmente un lugar que se suponía que era un hogar seguro, las cosas no eran un buen augurio para la nueva república. La mayor parte de su población quedó paralizada por el terrible genocidio que acababa de ocurrir. Con tres de cada cuatro armenios en el Imperio otomano asesinados durante la oscuridad de los años anteriores, prácticamente todos los armenios habían presenciado estas atrocidades, sufrieron algunas de ellas o perdieron a alguien que amaban. El genocidio lo abarcaba todo; afectó a todos, y la nación se quebró después de presenciar la destrucción total de su población.

Sabiendo esto, múltiples países menores —los mismos fragmentos del imperio destrozado— vieron a Armenia como un objetivo. Solo unas pocas semanas después de que se estableció la República de Armenia, se encontró bajo el fuego de la vecina Georgia sobre las provincias de la frontera. Georgia se sorprendió al observar la vehemencia con la que los armenios se resistieron a tomar cualquiera de sus tierras. A su gente le habían robado demasiado y durante demasiado tiempo, y lucharon con un espíritu que era sorprendente considerando lo que acababan de sufrir.

Azerbaiyán fue otro antagonista del intento de Armenia de forjar su independencia. Estrechamente aliado con Turquía —su cultura y religión reflejan a su intimidante vecino— Azerbaiyán aprovechó el hecho de que las fronteras de Armenia aún no se habían trazado oficialmente. Reclamó diversas áreas de Armenia, incluida la capital, Ereván, a la sombra del monte Ararat. A pesar de la intervención británica, nunca se llegó a una solución diplomática. Azerbaiyán invadió las fronteras armenias decididas a reclamar la tierra que consideraba que pertenecía legítimamente a los azerbaiyanos, pero su reclamo nunca sería exitoso. Una vez más, a pesar de los horrores que acababan de sufrir, los armenios retrocedieron. Para 1920, los azerbaiyanos habían sido perseguidos de regreso a su propio país, y Armenia parecía estar encontrando finalmente su paz.

El Tratado de Sèvres se firmó en agosto de 1920 entre los Aliados y el Imperio otomano. Una de sus condiciones era definir las fronteras de Armenia y también para que todas las partes involucradas lo reconocieran como un estado totalmente independiente. El Imperio otomano lo hizo a regañadientes bajo su último sultán, pero el reconocimiento de su enemigo más odiado no duraría mucho tiempo. Solo un mes después, bajo el mando de Atatürk, Turquía invadió Armenia en una escala que incluso estas personas enérgicas no podían resistir.

En noviembre, dos tercios de Armenia estaban bajo control turco. Y para diciembre, ese control había sido transferido una vez más. Así como Armenia había sido víctima del Imperio romano y de Alejandro Magno, ahora era trigo ante la guadaña del imperio naciente más nuevo del mundo, la Unión Soviética. Armenia se convirtió en la República Socialista Soviética de Armenia, y permanecería bajo el control de los soviéticos durante las siguientes siete décadas.

Cuando la URSS se derrumbó en 1991, Armenia se vio libre por fin, pero al igual que muchos países que habían sido profundamente dependientes de la Unión Soviética, fue mayormente libre de morir de hambre. Armenia había sido tan profundamente dependiente de la URSS, particularmente para el combustible, que sus ciudadanos se encontraron prácticamente sin electricidad. De hecho, tuvieron que sobrevivir con solo cuatro horas de energía por día. En las frías montañas de Armenia, no fue suficiente; Incluso casi treinta años después, el país todavía está tratando de recuperarse de la deforestación y la sobrepesca que tuvo lugar cuando un pueblo hambriento intentó pasar el invierno.

Pero los armenios habían presenciado algo peor que esto. Pasaron setenta años después de que el genocidio hubiera terminado, pero los terribles eventos aún estaban presentes en los recuerdos y en los vacíos que se habían abierto en los árboles genealógicos. Sobrevivieron a la oscuridad y reconstruyeron su país prácticamente desde cero, y Armenia fue declarada, una vez más, como una república independiente. Sus primeras elecciones democráticas se celebraron el 16 de octubre de 1991. A pesar de la considerable corrupción y los desastres naturales que sacudieron el país, Armenia entró en el siglo XXI como una nación que lentamente se levantaba de las cenizas.

Las elecciones fraudulentas acribillaron las primeras décadas de independencia armenia. Quizás el más corrupto de los presidentes armenios fue Robert Kocharyan, el segundo presidente de Armenia. Kocharyan nunca debió haber sido presidente en primer lugar; no había sido ciudadano armenio durante el tiempo suficiente según su propia constitución. No obstante, logró manipular las elecciones para poder tomar el poder y convertirse en el presidente de Armenia en 1998.

La principal rival de Kocharyan, Karen Demirchyan, era más reconocida entre la gente. Ocupó el papel de Presidente del Parlamento durante la presidencia de Kocharyan, y junto con el primer ministro, Vazgen Sargsyan, trabajó para apartar a Kocharyan de la escena política tanto como fuera posible. En un año, la política armenia estaba en gran parte en manos de Demirchyan y Sargsyan, con Kocharyan reducido a una especie de mascarón de proa.

Hasta un fatídico día en octubre de 1999, cuando los dos rivales de Kocharyan serían eliminados de la escena por completo.

* * * *

El Parlamento estaba en sesión, y Kocharyan se estaba cansando de escuchar las voces de sus dos rivales zumbando una y otra vez. Prácticamente habían tomado el control del país, empujando a Kocharyan a un lado a pesar de que tenía el título de presidente. Algunos argumentarían que, al hacerlo, Demirchyan y Sargsyan estaban ayudando a Armenia en el camino hacia la verdadera democracia e independencia como una nación que todavía estaba luchando por ponerse en pie después de siglos de gobierno de un imperio codicioso tras otro. Ciertamente parece que Sargsyan no era corrupto o al menos no tan corrupto como su homólogo, Kocharyan. Y algunos no lo discutirían. Simplemente tomarían armas AK-47, entrarían al Parlamento y abrirían fuego.

El 27 de octubre de 1999, cinco hombres armados lo hicieron. Dirigidos por un ex miembro de ARF, irrumpieron en el edificio de la Asamblea Nacional armados con ametralladoras. Periodistas y políticos se dispersaron para cubrirse entre las banquetas del edificio parlamentario mientras los hombres se dirigían directamente a su objetivo: el primer ministro, Vazgen Sargsyan. Alzaron sus voces para que los periodistas pudieran escuchar cada palabra de su intercambio.

Fue Nairi Hunanyan, el líder del grupo, quien se acercó a Sargsyan con un arma apuntada hacia él y una serie de acusaciones. Hunanyan llamó a Sargsyan corrupto y un especulador. Sus palabras mientras se acercaba al primer ministro eran escalofriantes.

"¡Basta de beber nuestra sangre!" gritó, atrapado por el fervor de la sed de sangre y lo que consideró como patriotismo.

La respuesta de Sargsyan fue desenfrenada por el cañón de la ametralladora nivelado en su pecho. "Todo se está haciendo por usted", mencionó, "y el futuro de sus hijos".

Después de eso, Hunanyan dejó que sus balas hablaran. Vertió disparos en Sargsyan a quemarropa, matándolo al instante, y sus compañeros terroristas abrieron fuego. Cuando las balas dejaron de volar, ocho políticos estaban muertos, Sargsyan y Demirchyan entre ellos. El presidente Robert Kocharyan, a quien los terroristas identificaron como el líder que Armenia realmente necesitaba, no fue atacado.

Este y otros hechos— especialmente el juicio de cuatro años que siguió a los tiroteos, que se manejaron de manera tan desinteresada que el público armenio no pudo evitar especular si el gobierno estaba tratando de ocultar algo— llevaría a Robert Kocharyan a convertirse en el principal sospechoso que el pueblo armenio creía que había instigado los disparos. Ciertamente había fortalecido su posición en el Parlamento; durante los próximos diez años, el gobierno autoritario de Kocharyan vería el lado pausado de Armenia lejos de la democracia y en otro estado gobernado por un dictador egoísta. Los armenios protestaron, por supuesto. Habían sobrevivido demasiado para sufrir la opresión de uno de los suyos. Cuando Levon Ter-Petrosyan, quien había sido el primer presidente de Armenia, anunció su candidatura en las elecciones de 2008, las protestas tomaron un giro para los rebeldes. Ter-Petrosyan había demostrado ser como un dictador en sus siete años como presidente entre 1991 y 1998, y fue ampliamente acusado de haber manipulado las elecciones de 1996. Tratando de evitar otra elección fraudulenta, los manifestantes en Ereván se volvieron violentos y comenzaron a saquear y atacar a las autoridades. Si bien la policía al principio intentó dividir las cosas utilizando métodos no letales, la situación se intensificó y el ejército fue llamado a Ereván. Cuando terminó la violencia, diez manifestantes habían sido asesinados. Sus partidarios argumentaron que las autoridades habían estado buscando una razón para abrir fuego contra ellos.

Ter-Petrosyan no ganó las elecciones; en cambio, Serzh Sargsyan se convirtió en presidente, junto con una serie de promesas de que sería diferente. Durante los siguientes diez años, se hizo evidente que Sargsyan tenía pocas intenciones de cumplir sus promesas. Al ir directamente en contra de lo que había dicho antes de su presidencia, se convirtió en primer ministro y presidente en 2018, acumulando una cantidad peligrosa de poder. De hecho, la gente temía que Sargsyan pudiera mantenerse en el poder de por vida.

En el 2018, una ola de revolución se extendía por todo el Medio Oriente, y el descontento alcanzó su punto máximo en Armenia. Sin embargo, los recuerdos del derramamiento de sangre en 2008 obligaron a la gente a reconsiderar sus tácticas. El saqueo y la violencia no serían la respuesta; en cambio, las protestas a nivel nacional tendrían que ser verdaderamente pacíficas. Y para lograrlo, un político llamado Nikol Pashinyan sabía que la gente necesitaba un líder.

Pashinyan no era importante, un periodista que dirigió un partido de oposición insignificante que apenas apareció en el radar del pueblo armenio. Pero la nación necesitaba un líder, alguien que fuera lo suficientemente valiente como para avanzar hacia el futuro, y a finales de marzo de 2018, Pashinyan se convirtió en esa persona. Anunció que recorrería las 120 millas desde la ciudad de Gyumri hasta Ereván, protestando pacíficamente por el nuevo nombramiento de Sergsyan como primer ministro.

Cuando partió de Gyumri, un grupo de curiosos periodistas lo seguían. Pero cuando llegó a Ereván más de dos semanas después, las calles estaban inundadas de multitudes de armenios. Habían pintado sus caras y portaban banderas armenias; se reían, gritaban y vitoreaban sus consignas, y se habían reunido alrededor de un hombre de mediana edad de aspecto ordinario con una camisa y gorra de color caqui. Pashinyan procedió a liderar lo que ahora se conoce como la "Revolución de Terciopelo", una protesta totalmente pacífica y una huelga general que resultó en la muerte. Las calles estaban cerradas, los trabajadores se declararon en huelga, pero no hubo víctimas. No hubo violencia. Las fotografías muestran a los niños sobre los hombros de sus padres, sosteniendo la bandera de su gente. De hecho, fue francamente civilizado; Pashinyan pidió a sus manifestantes que salieran de la calle a las diez de la noche. Fue una protesta a la hora de dormir.

Cuando Sargsyan intentó involucrar al ejército, incluso con ello falló. Los soldados dejaron sus armas y se unieron a la protesta, y Sargsyan supo que había sido atacado. Renunció a su cargo el 23 de abril, después de haber mantenido a Pashinyan brevemente en prisión. Poco tiempo después, el partido de Pashinyan fue elegido, y se convirtió en el presidente de Armenia.

Hoy, Armenia continúa dando breves pasos para convertirse en una nación completa y esperanzada. Esta es una nación que sobrevivió al genocidio y, sin embargo, organizó una revolución sin violencia y sin el apoyo de ninguno de los poderes del "gran hermano"— como la UE, Estados Unidos y Rusia. Al igual que su cultura, su religión, su espíritu indomable, la Revolución de Terciopelo no fue más que una cosa:

Fue excepcionalmente armenia.

Conclusión

Hace cien años, Armenia era un nombre en los labios y corazones de América. A los niños que no terminaban de comer se les ordenaba que comieran porque había niños hambrientos en Armenia; los misioneros fueron enviados allí, y las buenas intenciones fueron donadas a la causa de ACASR, ya que el genocidio— a pesar de que aún no podía llamarse así—se convirtió en la causa del día.

Actualmente, sin embargo, los artículos de periódicos publicados para una audiencia estadounidense deben aclarar dónde se encuentra Armenia. Incluso en la época de Hitler, el genocidio ya había sido olvidado por la conciencia del mundo.

Sin embargo, los armenios no olvidan— no en el espíritu con el que continúan avanzando dentro de su propia madre patria, y en las vibrantes y prósperas comunidades de la diáspora que surgieron en todo el mundo a raíz del estremecido despertar del genocidio.

En todo el mundo— desde Australia hasta Francia, desde Brasil hasta los Estados Unidos y de regreso— los armenios han establecido sus hogares en países extranjeros, continuando con sus vidas después de huir de la ira de los turcos. En estos días, los relatos de primera mano del genocidio son historias transmitidas por bisabuelos. Pero muchas partes de la cultura armenia siguen formando parte de la vida de quienes escaparon del genocidio. Los estadounidenses armenios podrían visitar Francia y encontrar comida servida por personas similares a ellos, comida que sus padres o abuelos podrían haber cocinado en sus propios hogares. Parece existir un vínculo que atraviesa a todos los armenios, independientemente de su procedencia, un reconocimiento mutuo de quiénes son a pesar de lo que han soportado.

Ocho millones de armenios residen actualmente en las diversas comunidades de la diáspora, la mayor de ellas en los Estados Unidos (específicamente Los Ángeles) y la región de Krasnodar en Rusia. El intento otomano de exterminar a los armenios de una vez por todas no podría haber fracasado de manera más espectacular, aunque muchas regiones de la antigua Armenia, que ahora ya no son parte de la moderna República de Armenia, están totalmente exentas de armenios étnicos.

Sin embargo, a pesar de que Armenia continúa presionando por el reconocimiento turco del genocidio, muchos armenios están listos para dejar atrás el pasado y avanzar hacia el futuro, trayendo consigo no la amargura de lo que sus antepasados soportaron, sino el espíritu intrépido que les permitió sobrevivir. Una fotoperiodista armenia-estadounidense, Scout Tufankjian, que ha dedicado gran parte de su vida a fotografiar personas en las diversas comunidades de la diáspora, lo expresó mejor.

"Somos mucho más que el genocidio. Hemos sobrevivido Y hemos prosperado".

Fuentes

https://www.britannica.com/place/Armenia/The-marzpans
http://www.newadvent.org/cathen/07023a.htm
https://www.ancient.eu/Saint_Gregory_the_Illuminator/
https://www.plough.com/en/topics/culture/music/how-christianity-came-to-armenia
http://armeniancenters.com/armenian-history-summary/
https://www.thoughtco.com/timur-or-tamerlane-195675
https://greekcitytimes.com/2019/05/29/may-29-1453-the-fall-of-constantinople/
http://www.thenagain.info/WebChron/EastEurope/FallConstantin.html
https://www.britannica.com/event/Fall-of-Constantinople-1453
http://www.ottomansouvenir.com/more_on_ottoman_empire.htm
https://www.historyextra.com/period/medieval/6-things-you-probably-didnt-know-about-the-ottoman-empire/
https://www.history.com/topics/middle-east/ottoman-empire
https://www.huffpost.com/entry/the-armenian-question-a-s_b_185846?guccounter=1&guce_referrer=aHR0cHM6Ly93d3cuZ29vvZ2xlLmNvbS8&guce_referrer_sig=AQAAAFqf_0Uld7R_ww1u-3zmtWUOsoPjAryYEpO2aC_4te3C9SFZBCyttdNx0_VwqqFGYGCk1vQZ2kezzQDqmyOxDP7Ndn51OQw7LN7qbdcaCpqVMxM_hsVTpQNqQ1bvMU2yn4ssVYWOo3fvR8UPP4eb93MTedg9J2Im-Zn6CCoyxSfE
http://www.arabnews.com/node/1487201/middle-east

https://www.newworldencyclopedia.org/entry/Abdul_Hamid_II
https://biography.yourdictionary.com/abdul-hamid-ii
https://www.britannica.com/topic/Hamidian-massacres
https://www.armenian-genocide.org/hamidian.html
https://journals.openedition.org/eac/1641
https://theamericanmag.com/queen-please-help/
https://www.geni.com/people/Rev-Crosby-Wheeler-D-D/6000000074716927124
http://www.hurriyetdailynews.com/opinion/william-armstrong/the-1909-massacres-of-armenians-in-adana-96825
https://www.armenian-genocide.org/adana.html
https://www.newworldencyclopedia.org/entry/Young_Turk_Revolution
https://ipfs.io/ipfs/QmXoypizjW3WknFiJnKLwHCnL72vedxjQkDDP1mXWo6uco/wiki/Ahmed_Niyazi_Bey.html
https://www.thoughtco.com/causes-that-led-to-world-war-i-105515
https://medium.com/@dhireshnathwani/what-was-the-most-significant-cause-of-world-war-one-ww1-74bb9e815e37
https://www.history.com/topics/world-war-i/world-war-i-history#section_2
http://www.thenagain.info/WebChron/EastEurope/TurkeyCentral.html
https://nzhistory.govt.nz/war/ottoman-empire/enters-the-war
https://www.britannica.com/topic/Balkan-Wars
https://www.hmd.org.uk/resource/24-april-1915-deportation-of-armenian-intellectuals/
https://www.cmi.no/news/1531-100-years-since-the-deportation
http://chilingirianquartet.co.uk/armenian-komitas-songs/
https://www.britannica.com/biography/Komitas
https://www.theguardian.com/music/2011/apr/21/komitas-vardapet-folk-music-armenia
https://www.allthelyrics.com/forum/showthread.php?t=50631
http://ww1blog.osborneink.com/?p=7328
https://www.historynet.com/the-defense-of-van.htm
https://www.armenian-genocide.org/wegnerbio.html
https://www.yadvashem.org/righteous/stories/wegner.html
http://100years100facts.com/facts/armin-wegner-took-pictures-saw-1915/

https://www.huffpost.com/entry/armenian-genocide-controversy_n_7121008

http://www.armin.am/armeniansgenocide/en/Encyclopedia_Of_armenian_genocide_death_march

https://encyclopedia.ushmm.org/content/en/article/the-armenian-genocide-1915-16-in-depth

https://www.irishtimes.com/culture/books/armin-wegner-the-german-who-stood-up-to-genocide-of-both-armenians-and-jews-1.2201998

http://www.genocide1915.org/bildgalleri_wegner.html

https://www.ushmm.org/information/exhibitions/online-exhibitions/special-focus/armenia/testimonies

https://qz.com/1310263/americas-extraordinary-history-with-armenian-refugees/

https://archive.nytimes.com/www.nytimes.com/ref/timestopics/topics_armeniangenocide.html?mcubz=0

https://books.google.co.za/books?id=h7ZIDwAAQBAJ&pg=PA205&lpg=PA205&dq=ali+suad+bey&source=bl&ots=NmgsuKPjkK&sig=ACfU3U2HqZIgVEq44BpBp1ctKP0RnXom2w&hl=en&sa=X&ved=2ahUKEwiLhbeSmbTkAhUEKewKHVOoAq8Q6AEwBnoECAgQAQ#v=onepage&q=ali%20suad%20bey&f=false

https://www.armenian-genocide.org/1915-3.html

https://www.quora.com/How-was-the-Armenian-Genocide-carried-out

https://books.google.co.za/books?id=McsxDwAAQBAJ&pg=PA655&lpg=PA655&dq=%22ali+suad+bey%22&source=bl&ots=vD6zZ2gmlh&sig=ACfU3U1tnCKZMsoAF1Clbyzv4GjR7tWOnA&hl=en&sa=X&ved=2ahUKEwjt49PUmbTkAhWGyKQKHXGKB9QQ6AEwBnoECAgQAQ#v=onepage&q=%22ali%20suad%20bey%22&f=false

https://www.catholiceducation.org/en/controversy/persecution/who-remembers-the-armenians.html

https://hyetert.org/2012/03/29/the-armenian-genocide-and-the-extraordinary-role-of-deir-zor-governor-zeki-bey/

https://www.armenian-history.com/Nyuter/HISTORY/ARMENIA20/armenian_genocide.htm

http://www.uacla.com/eitan-belkind.html

http://www.gen-mus.co.il/en/person/?id=2493

https://www.jewishvirtuallibrary.org/the-nili-spy-ring

https://www.medicinenet.com/typhus/article.htm
http://www.noravank.am/eng/issues/detail.php?ELEMENT_ID=3718
https://armenianweekly.com/2016/05/31/ruben-heryan/
https://www.britannica.com/biography/Ahmed-Riza
http://100years100facts.com/facts/turkeys-economy-today-based-part-confiscated-armenian-property/
https://mirrorspectator.com/2018/04/19/commemorating-genocide-the-role-of-property-seizure-in-the-armenian-genocide-and-its-aftermath/
https://encyclopedia.ushmm.org/content/en/article/the-armenian-genocide-1915-16-overview
https://www.bbc.co.uk/bitesize/articles/zkb86v4
https://www.history.com/this-day-in-history/world-war-i-ends
https://www.history.com/topics/middle-east/ottoman-empire#section_9
https://nzhistory.govt.nz/war/ottoman-empire/at-war
https://www.volkansadventures.com/history/turkey-first-world-war-armistice-mudros/
https://www.dailysabah.com/feature/2018/10/30/the-armistice-that-spelled-the-end-of-the-ottoman-empire
https://www.iwm.org.uk/history/9-reasons-why-gallipoli-was-one-of-the-worst-fighting-fronts-of-the-first-world-war
https://www.history.com/topics/world-war-i/battle-of-gallipoli-1
http://endgenocide.org/the-armenian-genocide-where-is-justice/
https://www.oxfordscholarship.com/view/10.1093/acprof:oso/9780199671144.001.0001/acprof-9780199671144-chapter-4
https://ayfwest.org/news/the-constantinople-war-crimes-trials-the-legal-response-to-the-armenian-genocide/
https://www.history.com/topics/middle-east/kemal-ataturk#section_2
http://www.armeniapedia.org/wiki/The_Trial_of_Soghomon_Tehlirian
http://100years100facts.com/facts/talaat-pasha-assassinated-berlin-15th-march-1921/
https://www.independent.co.uk/voices/robert-fisk-armenian-genocide-conversation-son-of-soghomon-tehlirian-mehmet-talaat-pasha-a7091951.html

https://www.huffpost.com/entry/erics-bogosians-operation_b_7097268
https://www.spectator.co.uk/2015/06/the-long-shadow-of-genocide-armenias-vengeance-years/
https://www.telegraph.co.uk/news/worldnews/europe/turkey/11373115/Amal-Clooneys-latest-case-Why-Turkey-wont-talk-about-the-Armenian-genocide.html
https://eurasianet.org/turks-commemorate-armenian-genocide-despite-taboos
http://www.genocidewatch.org/aboutus/thecostofdenial.html
https://ahvalnews.com/armenian-genocide/turkey-pays-price-denying-armenian-genocide
https://encyclopedia.ushmm.org/content/en/article/international-military-tribunal-at-nuremberg
https://www.operationnemesis.com/
https://www.nytimes.com/2015/04/19/books/review/19bkr-kanon.t.html
https://www.history.com/topics/world-war-i/armenian-genocide
https://www.bbc.com/news/world-europe-43948181
https://www.thenation.com/article/armenia-revolution-elections/
https://narcokarabakh.net/en/profiles/rkocharyan
https://www.rferl.org/a/Ten_Years_Later_Deadly_Shooting_In_Armenian_Parliament_Still_Echoes/1862158.html
https://www.nytimes.com/2008/03/02/world/europe/02armenia.html
http://www.littlearmenia.com/html/little_armenia/armenian_history.asp
https://www.advantour.com/armenia/history.htm
http://www.auschwitz.dk/holofaq.htm
https://www.dw.com/en/holocaust-remembrance-in-germany-a-changing-culture/a-47203540
https://journals.openedition.org/eac/565?lang=en
https://www.rferl.org/a/armenia-society/26935197.html
https://www.ft.com/content/2e2f38b0-e7a1-11e8-8a85-04b8afea6ea3
Illustration I: By Jean-Joseph Benjamin-Constant - Art Renewal Center Museum, image 10603., Public Domain, https://commons.wikimedia.org/w/index.php?curid=1818511

Illustration II: By en: American Committee for Relief in the Near East - from usa gov site. REPRODUCTION NUMBER: LC-DIG-ggbain-27083 (digital file from original negative) RIGHTS INFORMATION: No known restrictions on publication. MEDIUM: 1 negative : glass ; 5 x 7 in. or smaller., Public Domain, https://commons.wikimedia.org/w/index.php?curid=9462125

Illustration III: By Henry Morgenthau - Ambassador Morgenthau's Story Doubleday, Page p314, (http://net.lib.byu.edu/estu/wwi/comment/morgenthau/images/Morgen50.jpg), Public Domain, https://commons.wikimedia.org/w/index.php?curid=3822803

Illustration IV: By Unknown - http://www.armin-t-wegner.de/biographie.htm, first published Im Hause der Glückseligkeit: Aufzeichn. aus d. Türkei (1920), Public Domain, https://commons.wikimedia.org/w/index.php?curid=30310497

Illustration V: By Hakob - en: Image: Yerevan_Mount_Ararat.jpg, Public Domain, https://commons.wikimedia.org/w/index.php?curid=1282772

Vea más libros escritos por Captivating History

www.ingramcontent.com/pod-product-compliance
Lightning Source LLC
LaVergne TN
LVHW041644060526
838200LV00040B/1703